Ces différences et coutumes qui dérangent

Blandine Soulmana
en collaboration avec
Monique T. Giroux

Ces différences et coutumes qui dérangent

*Jusqu'où ira-t-on
dans les accommodements ?*

BÉLIVEAU
★
é d i t e u r

Conception et réalisation de la couverture : Christian Campana
Photographie de la couverture : Shutterstock

Dépôt légal : 4ᵉ trimestre 2013
Bibliothèque et Archives nationales du Québec
Bibliothèque et Archives Canada

ISBN 978-2-89092-617-2

BÉLIVEAU 920, rue Jean-Neveu
——★—— Longueuil (Québec) Canada J4G 2M1
é d i t e u r Tél.: 514 253-0403/450 679-1933 Téléc.: 450 679-6648

www.beliveauediteur.com
admin@beliveauediteur.com

Gouvernement du Québec – Programme de crédit d'impôt pour l'édition de livres – Gestion SODEC – www.sodec.gouv.qc.ca.

Nous reconnaissons l'aide financière du gouvernement du Canada par l'entremise du Fonds du livre du Canada pour nos activités d'édition.

IMPRIMÉ AU CANADA

Nous dédions ce livre aux nations
qui pourront se dire évoluées
quand le bien-être des humains
passera avant leurs différences
légales et leurs coutumes.

TABLE DES MATIÈRES

FATIMA

À douze ans
Elle est devenue une femme.
Sa mère l'a coincée dans un coin
Pour lui faire comprendre qu'elle était devenue
Une femme à présent apte au mariage et à l'enfantement.
Et que, dès lors, et pour toute sa vie,
Elle devait arrêter de jouer avec les garçons du quartier.

À douze ans
Son histoire de femme a commencé.
Sa grand-mère lui a parlé d'une fleur entre ses cuisses
Fine comme du papier à cigarettes
Et qui, comme une allumette, ne flambe qu'une fois.

À douze ans,
Chaque mois, elle a commencé à pleurer
À cause d'un mal mystérieux dans son ventre
Et d'un douloureux désir de jouer
Malgré la peur que sa fleur de papier se déchire
Et que brûle son allumette.

Ainsi, mois après mois, elle commence à mûrir
Puis se met à grandir, et son mal de ventre augmente.
Elle ne sait plus quel âge elle avait
Quand elle a décidé d'offrir sa fleur
À un garçon qu'elle a aimé.

Il est parti au loin, la laissant là, sans aucune valeur.
Avec de l'argent, elle a pu s'acheter une autre virginité
Mais son enfance, jamais elle n'a pu la racheter.

Maram Al Masri,
poétesse syrienne,
qui vit en France

AVANT-PROPOS

Ce livre est né des nombreuses et longues discussions que j'ai eues avec plusieurs Québécois et Québécoises de souche, dont ma coauteure, ainsi que des Québécois et Québécoises d'adoption, comme moi.

Dès l'avènement d'une demande d'accommodement de la part de différentes communautés ethniques, on ne compte plus les lignes ouvertes à la radio et à la télé où les auditeurs expriment, certains avec virulence, leur ras-le-bol des accommodements de tout acabit. «S'ils ne veulent pas vivre comme nous, ils n'ont qu'à retourner chez eux!» «On s'est battus pour que notre religion cesse de régir nos vies, ce n'est pas pour la remplacer par une autre.» «Nos arbres de Noël et nos crucifix font partie de notre histoire et de notre identité et ils sont là pour rester.»

Il faut dire que le débat a été abondamment alimenté au cours des dernières années. Ces différents événements ont soulevé un tollé de protestations de même que de multiples appuis. Voici un survol, incomplet malgré sa longueur, de certains de ces accommodements.

- En 1990, la Gendarmerie royale canadienne intègre le turban sikh à son costume afin de recruter les minorités.

- En janvier 1994, la juge en chef de la Cour municipale de Montréal rend sa décision concernant un homme accusé d'avoir agressé sa belle-fille mineure. La juge considère comme facteur atténuant le fait qu'il ait eu le souci de sodomiser sa victime afin de préserver sa virginité.

- Le 23 juin 1994, la Cour suprême intime la Commission scolaire de Chambly de rembourser trois professeurs juifs pour les congés pris pour célébrer le Yom Kippour.

- En septembre, une élève québécoise convertie à l'islam, et portant le foulard, est expulsée de l'école Louis-Riel parce qu'elle contrevient au code vestimentaire qui interdit tout couvre-chef.

- Les enseignantes des écoles musulmanes de Montréal doivent obligatoirement porter le foulard islamique, qu'elles soient musulmanes ou non.

- En février 1995, la Commission des droits de la personne et des droits de la jeunesse (CDPDJ) rend un avis favorable au port du foulard dans les écoles publiques du Québec, mais en arrive à la conclusion que cette exigence ne peut s'appliquer qu'au personnel musulman.

- En 2001, des Juifs hassidiques de Montréal obtiennent de la Cour supérieure du Québec la permission de mettre un érouv, c'est-à-dire une clôture réelle ou symbolique comme un fil, qui délimite la zone dans laquelle certaines activités interdites peuvent se faire les jours de chabbat et des fêtes juives, conformément aux lois et règles du Talmud et de la Torah.

- Les Juifs hassidiques obtiennent la permission de stationner sur certaines rues où c'est défendu durant les grandes fêtes juives. Les Arméniens obtiennent le même privilège pour leur messe dominicale. Deux paroisses catholiques, fréquentées par des Québécois d'origine, se voient refuser le même privilège.

- L'administration municipale de Montréal pense à renommer «arbre de vie» le sapin de Noël installé sur la place de l'Hôtel de ville pour ne pas heurter les non-chrétiens. L'année suivante, l'administration décide de ne pas réinstaller le sapin, puis se ravise en raison du tollé général.

- En 2002, un étudiant sikh est expulsé d'une école secondaire parce qu'il porte un kirpan, une arme blanche pour les autorités, un signe religieux pour le jeune. Après deux ans de procès, le jeune homme peut porter un kirpan à l'école à la condition qu'il soit dans un fourreau de bois à l'intérieur d'un sac d'étoffe cousu de manière à ne pouvoir être ouvert.

- En avril, la Cour d'appel confirme à l'unanimité la décision de la Cour supérieure qui interdit aux copropriétaires juifs orthodoxes d'ériger des souccahs sur leur balcon. La souccah est une cabane temporaire au toit couvert de branchages qui rappelle la traversée du désert du Sinaï. Demeurer dans la souccah durant toute la fête de Souccot et la mitsvah et manger sous la souccah est un commandement.

- La cause est portée devant la Cour suprême du Canada.

- En décembre 2004, le Conseil musulman de Montréal réclame l'intégration de tribunaux islamiques pour légitimer l'arbitrage de conflits familiaux par des imams sur la base de la charia. La charia est la loi canonique islamique en vigueur dans certains États musulmans. Elle codifie les aspects publics et privés de la vie, comme les divorces et le droit de garde des enfants, ainsi que les interactions sociétales. Certaines sociétés l'appliquent de façon intégrale, d'autres s'en inspirent ou l'adaptent. Pour certains, la polygamie, le mariage des petites filles et l'amputation comme conséquence d'un vol font partie des mœurs et de la loi.

- En février 2005, deux ambulanciers sont expulsés de la cafétéria de l'Hôpital général juif de Montréal parce qu'ils mangeaient un repas non casher, malgré que cet hôpital soit non confessionnel, public et financé par les deniers de l'ensemble de la société.

- En mai de la même année, le Québec adopte à l'unanimité une motion interdisant l'application de la charia dans le système judiciaire de la province.

- En septembre, Dalton McGuinty, premier ministre de l'Ontario, interdit tout arbitrage religieux en droit de la famille. C'est la fin d'un débat houleux qui secoue le Canada et l'Ontario depuis la publication du rapport Boyd, publié en 2004, qui recommande la reconnaissance juridique du système de la charia en Ontario pour les questions de droit familial.

- En 2006, les vitres d'un YMCA sont teintées aux frais d'une école hassidique située en face. Les hassidim de la congrégation Yetev Lev n'aiment pas que leurs enfants voient des femmes en tenue de sport.

- En mai, l'école secondaire Antoine-Brossard, sur la Rive-Sud de Montréal, permet à trois élèves musulmanes de passer l'examen du cours de natation supervisé par du personnel féminin. Les fenêtres de la piscine sont obstruées par des tables pour s'assurer qu'aucun homme ne puisse voir les jeunes filles en tenue de bain.

- Les étudiants musulmans de l'École de technologie supérieure demandent une salle de prière comme leur en fournissent plusieurs universités canadiennes. Les autorités de l'école refusent.

- En septembre, le Tribunal des droits de la personne ordonne à la Ville de Laval de cesser de dire la prière lors des assemblées publiques du conseil municipal. Plusieurs conseils municipaux se conforment à la directive. Le maire de la ville de Saguenay refuse et porte la cause en appel.

- En octobre, le Service de police de la ville de Montréal publie une «fiche culturelle» qui propose à ses policières de faire intervenir leurs collègues masculins lorsqu'elles ont affaire à des hommes de la communauté juive hassidique.

- En novembre, le CLSC d'un quartier multiethnique de Montréal interdit aux hommes de participer à des cours prénataux en raison des croyances religieuses de certaines participantes.

- Le 18 novembre, un Juif orthodoxe se présente à la clinique d'urgence sans rendez-vous du CLSC Sainte-Rose de Laval pour une blessure. Il passe devant tout le monde afin de retourner chez lui avant le coucher du soleil, début du sabbat.

- En décembre, des hommes qui assistent à l'examen de natation de leurs enfants au centre-ville de Montréal sont invités à quitter les lieux pour ne pas indisposer des femmes musulmanes qui suivent un cours dans la piscine au même moment.

- En janvier 2007, Hérouxville, une municipalité de la Mauricie de 1 323 habitants, rend publique une liste des normes de vie pour les immigrants désireux de s'installer chez eux. Le conseil demande au gouvernement de décréter l'état d'urgence et d'amender les chartes canadiennes et québécoises des droits pour défendre certaines pratiques. Deux autres municipalités se joignent au mouvement. Devant le tollé que soulèvent ces questions, le gouvernement met sur pied la commission Bouchard-Taylor sur les accommodements raisonnables.

- En février, la Société de l'assurance automobile du Québec répond aux demandes de certains membres de la communauté juive hassidique qui réclament de pouvoir choisir, pour des motifs religieux, un évaluateur masculin ou féminin pour passer leur examen de conduite.

- Sept garderies de la Commission scolaire de Montréal (CSDM), en février, décident de bannir la viande de porc du menu des cafétérias pour des motifs religieux.

- Un jeune témoin de Jéhovah de 26 ans décède à l'hôpital Saint-François-d'Assise après avoir refusé une transfusion sanguine contraire à ses convictions religieuses.

- Des élèves musulmans de la Commission scolaire Marguerite-Bourgeoys sont exemptés des cours de musique obligatoires, la pratique de certains instruments étant proscrite selon une certaine interprétation du Coran.

- L'octroi de congés supplémentaires pour les fêtes religieuses du personnel de confession juive et musulmane d'une commission scolaire suscite la grogne parmi les autres employés qui considèrent cette situation inéquitable.

- En février, une jeune musulmane est expulsée d'un match de soccer à Laval, car l'arbitre considère que le hijab, qu'elle refuse d'enlever, crée un risque pour sa sécurité et celle des participantes. Le port du hijab au football est toléré au Royaume-Uni et en France.

- En mars, les responsables des écoles privées dénoncent le fait que le gouvernement ne se limite pas à légiférer sur la religion dans le secteur public, mais qu'il le fait aussi dans les écoles privées catholiques.

- Un propriétaire de cabane à sucre fait sortir 40 clients québécois de sa salle de réception pour que les musulmans puissent y prier.

- Élections Canada décide que les femmes peuvent voter sans enlever leur niqab ou leur burqa, malgré le désaccord du premier ministre Harper.

- En octobre, un imam, qui participe à une émission de télévision, s'oppose à ce que les autres invités boivent du vin en sa présence et tient des propos controversés sur l'homosexualité.

- En décembre, une jeune fille de 16 ans de Mississauga est tuée par son père parce qu'elle mène une existence non conforme au Coran.

- En mai 2008, la commission Bouchard-Taylor publie son rapport. Elle considère que les problèmes d'accommodement ne sont pas majeurs et découlent de l'insécurité des Québécois francophones qui sont majoritaires au Québec mais minoritaires au Canada. Au nom de la séparation de l'État et de l'Église, elle recommande d'enlever le crucifix au mur de l'Assemblée nationale et d'abandonner la prière aux réunions des conseils municipaux. Le gouvernement dépose une motion réclamant le maintien du crucifix à la Chambre de l'Assemblée nationale, au nom de l'histoire et du patrimoine du Québec. La motion est adoptée à l'unanimité par les cent députés présents.

- En juin 2009, le ministère de l'Éducation réduit les subventions des écoles juives orthodoxes qui ne dispensent pas les 25 heures hebdomadaires dédiées aux matières obligatoires du programme québécois.

- On retrouve les cadavres de trois sœurs d'origine afghane: Zainab, Sahar et Geeti Shafia, âgées de 19, 17 et 13 ans, ainsi que celui de Rona Amir Mohamed, 50 ans, noyées dans une écluse du canal Rideau à Kingston, Ontario. Ces résidentes de Montréal ont été mises à mort par leur père, Mohamed Shafia, avec la complicité de la mère, Tooba Mohamed Yahya, et du fils aîné, Hamed, âgé de 20 ans. Rona, qui était stérile, était la première épouse de Mohamed Shafia. Elle est entrée au pays en tant que cousine pour dissimuler la bigamie de monsieur aux autorités canadiennes.

- En 2010, madame Naïma Atef Amed, immigrante d'origine égyptienne qui fréquente une classe de francisation au cégep Saint-Laurent, est expulsée parce qu'elle refuse d'enlever son niqab lors d'une communication orale.

- En juillet 2010, le ministre des Transports, John Baird, demande la tenue d'une enquête à la suite de la publication sur YouTube d'une vidéo montrant deux femmes voilées monter à bord d'un vol d'Air Canada, à l'aéroport Pierre-Elliott-Trudeau de Montréal, sans qu'on leur demande de relever le voile afin de vérifier leur identité. Le passeport de ces dames a été remis au personnel de sécurité par un homme qui voyageait avec elles.

- En décembre 2011, la municipalité de Mont-Royal décide de ne plus exposer sa crèche de Noël devant son hôtel de ville afin de ne pas avoir à ajouter les symboles des autres religions.

- En janvier 2012, à la suite d'un procès très médiatisé mené en quatre langues, anglais, français, dari et espagnol, une première au Canada, les Shafia sont reconnus coupables de meurtres et condamnés à 25 ans de prison. Ces crimes, sans précédent au pays, ont suscité des débats sur les valeurs canadiennes, les crimes d'honneur et la protection des groupes vulnérables d'immigrants. Le père voulait laver l'honneur de la famille. Zainab fréquentait un Pakistanais en cachette et Sahar un chrétien, et elles portaient des jupes courtes et des chandails décolletés.

- En février 2012, on sert de la viande halal à tous les enfants de plusieurs centres de la petite enfance pour satisfaire les demandes de la minorité musulmane.

- Le Tribunal canadien des droits de la personne juge qu'un employé sikh peut être exempté de porter le casque de sécurité pour raison religieuse à cause de son turban. En juillet 2012, la Cour suprême renverse ce jugement, considérant que le port du casque de sécurité est une exigence professionnelle normale. Par contre, au Manitoba, le Code de la route exempte les motocyclistes sikhs du port du casque.

- En mars 2013, la Fédération de soccer du Québec accepte le port du hijab sur les terrains de soccer, sous certaines conditions, après l'avoir refusé.

- En juin 2013, le plus haut tribunal de la province de Québec donne raison à la Ville de Saguenay, et à son maire Jean Tremblay, en invalidant un jugement du Tribunal des droits de la personne qui soutenait que la prière avant les assemblées municipales portait atteinte au droit à la liberté de conscience et de religion.

- La Fédération de soccer du Québec revient sur sa décision et accepte la décision de la FIFA de permettre le port du turban sur les terrains de soccer.

- En juillet, le Congrès islamique du Canada exige que les musulmanes ne puissent transiger qu'avec du personnel soignant exclusivement féminin dans les établissements de santé canadiens et québécois et que seule une femme puisse partager leur chambre. En cas d'urgence, une musulmane doit tenter d'obtenir l'aide d'un médecin musulman de sexe féminin, si ce n'est pas possible elle peut accepter l'aide d'un médecin musulman masculin et seulement, en dernier recours, accepter l'aide d'un médecin non musulman homme ou femme. Aucune règle ne s'applique aux hommes musulmans. Ces demandes sont récurrentes depuis 2006.

- Il est interdit d'apporter de la nourriture, des breuvages et des glacières sur le site du parc d'attraction de *La Ronde*, sauf si on est musulman ou juif. On permet à ces derniers de franchir les tourniquets avec de la nourriture casher ou halal. Une journaliste du *Journal de Montréal* s'est voilée et on l'a laissé passer avec sa boite à lunch qui contenait un sandwich ni casher ni halal. Ceux qui ne font pas partie de ces minorités doivent laisser leur glacière dans leur voiture surchauffée ou payer 12 $ pour la déposer dans un casier à l'entrée du parc d'attraction.

Je ne peux qu'ajouter etc., car cette liste pourrait remplir plusieurs autres pages et elle s'est sûrement enrichie d'autres situations depuis que ce livre a été rédigé. Cependant, avec ce qui précède, nous en avons amplement pour nous poser les bonnes questions afin de trouver des pistes vers les bonnes réponses.

1.

Un tour d'horizon

Commençons d'abord par faire un tour d'horizon sur ces différences et coutumes qui dérangent.

Un sondage révélateur

On entend souvent dire que les lignes ouvertes ne sont pas représentatives de ce que pense la population et qu'il ne faut pas se fier à ce qu'on y entend. Dans la réalité, quelle est la position des Québécois dans ce dossier?

En mai 2013, la firme Léger Marketing[1] a réalisé un sondage révélateur sur les accommodements pour le Secrétariat aux institutions démocratiques et à la participation citoyenne. Ce sondage démontre que trois Québécois sur quatre, 82% des francophones, estiment que les accommodements religieux sont toujours d'actualité et représentent un enjeu aussi important, ou plus important, qu'en 2007, alors que le gouvernement du Québec a mis sur pied la commission Bouchard-Taylor.

Ils considèrent, dans les mêmes proportions, que les accommodements nuisent au bon fonctionnement des institutions publiques, de même qu'à la cohésion sociale et l'intégration.

Les Québécois d'expression française sont en accord avec l'idée qu'il faille «interdire tout signe religieux sur la place publique» dans une proportion de 57%, contre 43% pour les non-francophones. Cependant, 58% des francophones sont en accord avec la présence du crucifix à l'Assemblée nationale.

Pour ce qui est de l'aménagement de lieux de prière sur les lieux de travail et l'ajout de congés pour motifs religieux, en dehors des jours fériés existants, 89% des Québécois francophones sont contre.

Ce sondage démontre, hors de tout doute, que le débat soulevé par ces questions est important pour la société québécoise. Si toutes les demandes doivent être considérées, il va de soi que les accommodements accordés doivent tenir compte des valeurs de la société d'accueil. C'est elle qui a à vivre avec les décisions prises par ses politiciens.

AILLEURS DANS LE MONDE

Selon une étude américaine de l'institut Pew Research Center[1a], la proportion de musulmans sera de 26,4% dans le monde en 2030 étant donné leur taux de fécondité et le rythme de l'immigration. L'intégration de la minorité intégriste constitue un défi pour les pays occidentaux, principalement pour le Canada, les États-Unis, le Royaume-Uni, la France et la Belgique, dont la population musulmane croît rapidement. La France, qui comptait 568 000 musulmans en 1990, verra ce nombre atteindre 6,9 millions en 2030, aux États-Unis ce nombre devrait atteindre 6 millions et 2,7 millions au Canada, dont 547 000 dans la seule région de Montréal[1b]. Il y a de fortes probabilités que les débats sur les accommodements raisonnables n'en soient qu'à leur début.

Comment réagissent les Européens à cette situation? Les 12 États membres de l'Union Européenne se sont prononcés, en 2009, à 52,6% contre le port du foulard à l'école alors que 28% étaient favorables. La plus forte opposition était en Bulgarie avec 84,3% contre, suivie de la France à 68,7% et de l'Allemagne à 66% contre. Dans les pays scandinaves et les Pays-Bas, les partis politiques contre la construction de mosquées gagnent des points depuis 2001, tout comme les partis d'Australie et de Nouvelle-Zélande qui se prononcent ouvertement contre la progression de l'islam dans leurs pays. En Allemagne, plusieurs Länder ont adopté des lois interdisant le voile islamique aux fonctionnaires et aux enseignantes, et le Luxembourg interdit le port de la burqa aux entrevues d'embauche. Le culte musulman est défendu dans la plupart des villes de Grèce, le voile intégral est interdit en Belgique, le port du foulard est interdit dans la plupart des écoles municipales en France. À Varsovie, 200 personnes ont manifesté contre la construction d'une première mosquée, alors que ces constructions sont proscrites en Suisse et en Autriche. Plusieurs municipalités italiennes ont pris des mesures contre les signes ostentatoires musulmans, dont le port du burkini (maillot de bain couvrant entièrement la personne) et la burqa qui ont été prohibés[1c]. Il en est de même pour l'Espagne, le Portugal et tous les autres pays, dont la Russie, où les positions se radicalisent.

*

Ce débat hautement émotif est loin d'être terminé. Pour la majorité, les demandes vont trop loin alors que les minorités concernées considèrent leurs exigences légitimes et refusent tout compromis. Pour certaines ethnies, ces notions se compliquent du fait que leur religion est indissociable de leur culture. Si l'on ne fait rien pour remédier à la situation, il y a un grand danger que l'intolérance, le racisme et la xénophobie s'installent, même chez les personnes les plus ouvertes et accueillantes.

LA NEUTRALITÉ EST-ELLE POSSIBLE DANS CE DÉBAT?

Quand j'ai décidé d'écrire ce livre, on m'a demandé si je reste-rais neutre ou si je prendrais position. Bonne question! Au départ, je voulais rester neutre et laisser au lecteur toute la place pour se faire sa propre opinion. Puis, en tenant compte de ce qui se passe dans les pays où j'ai vécu, surtout en France et en Allemagne, et en prenant connaissance de ce qui se passe ici et ailleurs dans le monde, j'ai développé mon opinion per-sonnelle. Une fois que j'ai une opinion bien arrêtée, il m'est difficile, voire impossible, de me taire. De plus, au risque de me répéter, le silence est le meilleur complice des pires hor-reurs.

Nous avons, ma coauteure et moi, nos points de vue. Moi, en tant qu'immigrante moitié arabe moitié française, j'ai la pratique. Monique, en tant que «pure laine», a sa théorie sur le sujet. Par contre, ce que nous souhaitons toutes les deux pour le Québec se rejoint au-delà de nos différences qui deviennent complémentaires.

Nous en sommes arrivées à la même conclusion. On peut discuter et négocier pour des accommodements respectueux des droits et libertés, et qui tiennent compte de l'intégration, mais quand les différences et coutumes sont imposées, briment ou font souffrir, il faut les proscrire vigoureusement. Donc, oui, je prends clairement position.

Cependant, j'ai comme priorité de décrire les situations telles qu'elles sont en donnant, autant que faire se peut, la pos-sibilité aux opinions divergentes de se faire valoir. Je veux avant tout demeurer ouverte et respectueuse.

Dans ce débat aux positions radicales, il n'y a ni gagnant ni perdant, ni aucun meilleur choix, juste le moins pire. Il faut cependant faire très attention, car la ligne est mince entre la tolérance et le laxisme. Tellement mince que, un jour, on risque de perdre de vue les bienfaits de l'immigration.

LE QUÉBEC ET LE CANADA, TERRES D'ACCUEIL

Les plus récentes recherches estiment qu'il y a des humains depuis 50 000 ans sur le territoire qu'occupe le Canada. Ces êtres ont donné naissance aux peuples autochtones. Vers l'an 1000, il y avait des Vikings qui venaient pêcher à Terre-Neuve. En 1412, les Islandais notent la présence des Basques qui viennent pêcher la baleine et la morue au Labrador et à Terre-Neuve. Leur plus grand établissement, à Red Bay, comprend 900 individus. Ils sont suivis des pêcheurs portugais et espagnols.

Jacques Cartier fonde la Nouvelle-France en 1534. Pour fuir la famine et la misère, des colons français affrontent la périlleuse traversée pour venir s'y bâtir une vie meilleure. Ils ont à se défendre des attaques des Amérindiens, mais surtout du froid, de la maladie et de la faim. Nous sommes donc tous des immigrants ou leurs descendants.

Il y a eu ensuite plusieurs vagues d'immigrants de type caucasien, presque tous chrétiens ou athées, à la suite des famines, révolutions et guerres: Irlandais, Slaves, Scandinaves et Européens de l'Ouest, par exemple des Italiens, Portugais, Grecs, etc., qui se sont fondus dans la population. Puis, dans un passé plus récent, la provenance des émigrants se diversifie à l'ensemble du monde avec la venue d'Haïtiens, de ressortissants des pays du Maghreb, du Moyen-Orient, d'Afrique Noire, des pays asiatiques et d'Amérique du Sud, dont les caractéristiques physiques les distinguent, même lorsqu'ils sont nés ici. Certains ont pu prendre la décision de quitter leur pays en toute liberté et choisir leur destination en fonction de leurs attentes. Pour d'autres, partir n'importe où est une question de survie, alors que, pour la majorité, c'est surtout une motivation d'ordre économique.

Les Québécois étant ouverts de nature, les mariages mixtes ne sont pas rares. Si la plupart de ces unions sont sans histoire, les exceptions causent de nouveaux problèmes auxquels les individus et les autorités doivent s'adapter et trouver des solutions.

Une des façons les plus efficaces de réagir à de nouveaux irritants et problèmes est de prendre connaissance des précédents ailleurs et d'adapter les solutions qui ont donné les meilleurs résultats.

La plupart des pays européens, surtout ceux de l'ouest, ont une grande expérience des problèmes d'intégration. Ils ont également expérimenté plusieurs façons d'améliorer la qualité de vie de l'ensemble de leurs ressortissants.

LA FRANCE

Le multiculturalisme remonte à plus d'un siècle en France avec le déplacement des populations à l'intérieur et à l'extérieur de ses frontières, notamment à cause de l'industrialisation, de l'urbanisation et de son passé colonialiste.

La première vague migratoire majeure moderne est l'arrivée de 13 000 Algériens de 1905 à 1918. Ils viennent occuper des postes vacants d'ouvriers et de mineurs et sont bien accueillis. Lors de la Première Guerre mondiale, 80 000 travailleurs et 175 000 soldats arrivent d'Algérie à la demande de la France. S'ensuivent les premiers mariages mixtes.

Durant la Seconde Guerre mondiale, des Marocains, Tunisiens et Algériens, formant les légions dites «indigènes», viennent défendre la mère patrie. Ils essuieront de nombreuses pertes humaines et seront parmi les plus décorés de l'Armée française. Plusieurs survivants décident de rester en France.

Mon père faisait partie des dernières cohortes venues faire leur service militaire en France avant la guerre d'indépendance. J'ignore ce qu'il connaissait de la France avant de s'y retrouver. Probablement pas grand-chose, son monde étant limité au Sahara depuis sa naissance.

Se retrouver en France n'était pas son choix. Ce sont les autorités françaises qui ont décidé qu'il y ferait son service militaire. Il y a rencontré une Française, ma mère, et n'est jamais reparti.

Illettré et pauvre, comme des milliers d'autres, il a occupé des emplois précaires, mal rémunérés et dédaignés par les Français. Il améliorait malgré tout sa situation, car la population d'Algérie, en pleine croissance, comptait plus de chômeurs que de travailleurs et la misère était endémique.

Entre 1962 et 1982, les Algériens en France passent de 350 000 à 800 000, grâce à la réunification des familles alliée à une forte natalité. Ils forment des communautés qui se structurent en fonction de leurs coutumes et plusieurs vivent comme s'ils étaient encore en Algérie. Je suis l'une de ces personnes… du moins à moitié.

J'ai vécu en France, en Algérie, en Allemagne et au Québec, en plus d'avoir séjourné dans de nombreux pays du monde. Je sais donc de quoi je parle quand il est question d'intégration.

J'ai également la prétention d'être une femme très respectueuse. Je n'affirmerai jamais que tous les Arabes sont à blâmer, ce serait injuste et faux. Mon père était un homme bon et éminemment respectueux, tout comme mon fils aux trois quarts arabe. Par contre, ce que je peux déclarer, c'est qu'il existe des régimes, des mentalités, des coutumes et des interprétations de dogmes religieux qui permettent, tolèrent et valorisent que des individus commettent des abus, alors que d'autres régimes, mentalités, coutumes et dogmes religieux les réprouvent, les répriment et les sanctionnent.

Les différents modèles de société nous permettent d'arrêter notre choix quand nous décidons de faire nôtre un pays étranger; encore faut-il que les règles soient claires. C'est une chose que nous devons considérer quand nous voyageons et, à plus forte raison, quand nous choisissons d'émigrer.

En visitant une ville sainte en Afrique du Nord, j'ai été bousculée, insultée et je me suis fait cracher dessus par des femmes intégristes parce que je n'étais pas voilée. C'était leur droit, me direz-vous, chacun est maître chez lui et vous avez raison. J'ai accepté l'intolérance de ces gens, car c'est moi qui étais chez eux, mais je n'ai pas accepté ce manque de respect flagrant et cette violence aussi gratuite que démesurée. Une politesse élémentaire ne nuit pas à la compréhension du message. J'ai porté le voile quand la situation l'imposait durant le reste de mon séjour. Par contre, je me suis dit qu'ils ne toléreraient certainement pas qu'une touriste québécoise porte un short et un petit top parce qu'il fait chaud, même si le tourisme rapporte de précieuses devises. Il n'en serait pas question, aucun accommodement possible. Pourquoi alors doit-on tolérer leur tenue vestimentaire chez nous alors qu'ils ne tolèrent pas la nôtre chez eux? Il me semble que ce qui est bon pour eux l'est aussi pour les autres qui sont également chez eux.

Bien sûr, le fait qu'il existe des pays intransigeants n'est pas une raison pour les imiter. Par contre, si l'on doit respect et tolérance envers les autres, on se les doit également à soi-même. Le respect et la tolérance sont deux notions différentes. Le respect se base sur notre capacité à nous souvenir d'une personne dont les actes sont dignes d'être reconnus. On dit du respect qu'il se mérite ou se gagne. La tolérance désigne notre capacité à accepter ce que l'on désapprouve, comme ce qui est contraire à nos convictions. C'est aussi la vertu qui nous rend vigilants, tant envers l'intolérance qu'envers l'intolérable. Le droit et la liberté impliquent un devoir de tolérance. La tolérance peut être teintée de mépris, ce qui n'est pas le cas du respect.

La nuance est importante quand il s'agit des différences culturelles. Ainsi, on peut avoir plus ou moins de tolérance par rapport au port du foulard ou du niqab, mais avoir du respect pour la femme qui le porte.

Des femmes se voilent, parfois des Québécoises d'origine, par conviction religieuse, et souvent pour plaire à leur conjoint musulman, qu'il le demande ou pas, ou qu'il l'exige ou non. Ce choix, librement consenti par certaines, je n'en doute pas, a pour conséquence de restreindre le choix des autres qui l'enlèveraient volontiers si elles le pouvaient.

Dans tout ce débat, on tient très peu compte des immigrantes qui sont venues ici parce qu'elles veulent devenir Québécoises en raison des valeurs qui prévalent ici. Leur imposer de subir des pressions de leur communauté pour qu'elles portent une tenue qui est tolérée retarde leur intégration.

Si je considère important de donner mon opinion, c'est que je trouve la majorité musulmane non intégriste particulièrement silencieuse dans le débat actuel. Croyez-moi, je sais mieux que personne jusqu'où peut aller le fanatisme et je comprends la peur suscitée par ces «fous de Dieu» prêts à donner leur vie et, surtout, sacrifier celles des autres, pour imposer leurs valeurs. Par contre, ce que je trouve effrayant et lourd de conséquences, c'est que ce silence de la majorité, sur les excès inacceptables de cas d'exception, laisse toute la place aux extrémistes et nous mène tout droit à l'intolérance.

Je respecte profondément toutes les religions, mais je considère que les croyances sont une affaire personnelle. J'ai aimé la culture, les règles, la mentalité et les coutumes des Québécois au point de m'établir au Québec. Personne ne m'a obligée à venir ici et à y rester. C'est un privilège qui vient avec ma responsabilité de m'intégrer.

Un pays accueillant nous ouvre ses portes avec gentillesse, la moindre des choses est de nous adapter, et non le contraire. Mon père m'a inculqué, dès mon plus jeune âge, le respect des autres. Il me disait: «Aller vivre dans un autre pays, c'est comme être reçu chez quelqu'un. Tu te dois de tenir compte des façons de faire de ceux qui te reçoivent. S'ils enlèvent leurs chaussures en entrant, tu fais la même chose. Si ça ne te convient pas, si tu n'es pas d'accord, personne ne t'oblige à rester.»

Devant certains constats aberrants, je me pose de sérieuses questions. Est-ce que les personnes qui choisissent de venir s'établir au Québec sont suffisamment informées qu'elles vivront dans une société laïque qui prône l'égalité entre les sexes? Est-ce qu'elles sont au courant qu'ici, pour la majorité des gens, voiler les femmes est perçu comme une attitude machiste, de soumission et de repli? Est-ce qu'ils sont informés qu'ils auront à faire des efforts et à renoncer à certaines choses pour s'adapter? Sont-ils au courant qu'on ne peut pas prendre juste ce qui fait notre affaire du pays d'accueil?

Être dans un pays libre, c'est accepter que sa liberté s'arrête où commence celle des autres. Un pays libre se donne la liberté d'avoir ses règles et de poser ses limites. Je considère que le Québec fait partie des rares endroits qui acceptent tout et n'importe quoi au nom de la tolérance.

J'ai choisi de vivre dans une société laïque et occidentale. De grâce, ne permettez pas qu'on change les règles. Si vous ne le faites pas pour vous, faites-le pour nous, les femmes, qui ont tout quitté pour être traitées en égales.

Maintenant que j'ai clairement établi ma position, passons à ces accommodements dits raisonnables pour certains et déraisonnables pour d'autres.

DU «MELTING POT»
AU MULTICULTURALISME

Le «melting pot», considéré par plusieurs comme une utopie, a longtemps été la façon des États-Unis d'assimiler des ressortissants de tous les pays du monde pour en faire des Américains. Ils apprenaient à vivre ensemble en dépit de leurs différences culturelles et religieuses. Ces différences se fondaient pour former une nouvelle identité hybride, à la fois imprégnée et différente de chacune des racines d'origine. Il suffisait d'un critère de base: vouloir devenir Américain. C'est peut-être dans cette dernière phrase que réside la principale différence avec le multiculturalisme prôné par le Canada.

Le Canada a été le premier à promouvoir le multiculturalisme en 1971. Cette façon de faire a ensuite été adoptée par les États-Unis, l'Allemagne, la France et l'Angleterre.

Le multiculturalisme consiste à encourager les différentes ethnies à conserver et promouvoir leur héritage culturel, plutôt que de s'intégrer à la majorité pour devenir un Canadien, un Américain, un Allemand, un Français ou un Anglais.

Que ces ethnies possèdent leurs associations culturelles et d'affaires, leurs médias dans leur langue d'origine, leurs écoles et leurs commerces nuit à leur assimilation en favorisant le retrait, les ghettos et l'isolement, d'après les opposants. Ils considèrent qu'il vaut mieux mettre toutes ses énergies à la transplantation, plutôt que de s'installer sur un pont entre deux cultures, ce qui accentue davantage les différences que les points communs.

Les attentats du 11 septembre 2001 à New York, ceux du 7 juillet 2005 à Londres et du 15 avril 2013 à Boston, tous commis par des immigrants de confession musulmane, fournissent des munitions percutantes à ceux qui considèrent que le multiculturalisme est un échec, dont les mouvements d'extrême droite. Ces attentats ont généré l'islamophobie, la méfiance et l'hostilité envers les communautés musulmanes qu'on avait encouragées à garder leur culture. C'est également la religion qui connaît le plus grand nombre de conversions partout dans le monde où l'on compte des membres de cette communauté.

Cependant, si certaines coutumes, gastronomiques par exemple, sont très agréables, il en est d'autres, comme nous le verrons, qui sont porteuses d'incommensurables tragédies. Comme le disait si bien William Shakespeare: «Il est des coutumes qu'il est plus honorable d'enfreindre que de suivre.»

DES SOUFFRANCES ÉVITABLES

Des choix se sont imposés dans la rédaction de ce livre. Il est en effet impossible de mentionner toutes les formes d'injustices et de sévices imposées aux humains, et plus particulièrement au genre féminin.

Nous n'avons qu'à penser à l'esclavage qui est loin d'être aboli. Selon le Bureau international du travail, entre 200 et 250 millions d'adultes vivent en servitude. À ce chiffre hallucinant, il faut ajouter jusqu'à 300 millions d'enfants de 5 à 14 ans et plus de 250 000 enfants soldats, selon l'Unicef[2]. La plupart sont en Mauritanie[3], au Soudan, au Pakistan, en Indonésie, en République dominicaine et dans certains pays du golfe Persique.

Cependant, régulièrement, des filières plus modestes d'esclaves domestiques et sexuelles sont mises à jour en

Europe et en Amérique. Il y a également plusieurs enfants et adultes mexicains et sud-américains qui travaillent illégalement dans les champs et dans la restauration aux États-Unis, et ce, dans des conditions pitoyables.

Que dire du sort des petites Chinoises qui sont tuées ou abandonnées, parce qu'avec la politique de l'enfant unique, on leur préfère un fils qui assurera la survie de ses vieux parents alors que leur fille s'occupera de ses beaux-parents; des épouses immolées par leur belle-mère en Inde pour que le remariage de leur fils apporte une nouvelle dot; du système des castes qui relègue les Intouchables au rang d'esclaves dans ce même pays; des petites filles éliminées à la naissance parce que les parents ne pourront assumer le prix de la dot dans les pays où cette pratique est nécessaire pour conclure un mariage; des homosexuels qui sont condamnés à mort à cause de leur orientation au Pakistan, en Arabie Saoudite, au Yémen, en Iran, au Nigeria, en Afghanistan, au Soudan et en Mauritanie[4]; des viols «correctifs»[5] pratiqués en Afrique du Sud pour faire changer d'orientation les femmes homosexuelles et où 31 d'entre elles ont été violées puis assassinées au cours de la dernière décennie, même si les mariages homosexuels sont permis depuis 2006; et des disparus de tous les pays de la planète, dont on ne connaîtra jamais le sort. Et il ne s'agit là que de la pointe de l'iceberg, car nous savons fort bien que nous ne connaissons qu'une infime partie des horreurs de ce monde.

Voilà donc des informations sur différentes situations qui ont un impact, de près ou de loin, sur le Québec, et qui vont de l'agacement au rejet le plus fondamental.

2.

LES ACCOMMODEMENTS

Il faut le reconnaître, ce qui dérange, ce n'est pas tant la discrète kippa, le turban ou même le kirpan, lequel a causé bien peu de problèmes et est devenu inoffensif dans sa gaine cousue, mais bien le voile, le niquab, le chador ou la burka.

AU PLAN VESTIMENTAIRE

La plupart des Juifs ne s'habillent pas de façon particulière. On remarque surtout les Juifs orthodoxes, majoritairement concentrés dans l'arrondissement Outremont à Montréal, dont les hommes portent la barbe, les papillotes, le chapeau et le manteau noirs; et les femmes qui arborent la perruque, les jupes et les chemisiers qui les recouvrent des poignets aux chevilles. En dépit de leur fort taux de natalité, les communautés orthodoxes ne forment que 12% de la population juive québécoise qui se chiffre à 71 400 personnes, d'après le président du Congrès juif canadien, Victor Goldbloom[6].

Pour ce qui est du foulard, du tchador, du niqab ou de la burka, ils font partie de la garde-robe de 10 à 20% des femmes musulmanes[7]. La plupart portent le foulard alors que le tchador, le niqab ou la burka sont portés par une infime minorité. Si elles nous semblent plus visibles, c'est que la communauté musulmane du Québec est composée de 200 000 personnes, soit environ 10 000 femmes qui arborent une tenue distinctive. Pour certaines, c'est l'expression de leur liberté, de leur identité et de leur modestie, pour d'autres, c'est un symbole d'oppression et d'anonymat.

Pourquoi ces femmes voilées dérangent-elles autant? J'ai entendu plusieurs points de vue, dont deux m'ont procuré un éclairage différent sur la question. L'une disait: «On s'est enfin débarrassées de l'étiquette de tentatrices qu'on portait depuis Ève et sa pomme. En nous assumant en égales, nos hommes ont réalisé qu'ils étaient les seuls responsables du contrôle de leurs pulsions, que nous soyons vêtues d'un bikini ou d'un habit de neige! En assumant nos pouvoirs, dont la séduction, ils n'ont pas eu d'autre choix que de gagner le leur… dont la séduction! On ne veut pas retourner à l'infantilisation, les droits acquis et la paresse.» Une autre considère qu'on devrait se demander qui est raciste: «Je sens de la part des femmes voilées une attitude de supériorité méprisante et un refus d'intégration. C'est toujours à nous de donner davantage. Quelle est leur contribution en échange de la tranquillité de vivre ici? Quand elles veulent revendiquer, elles sont Québécoises et libres et nous devons négocier; quand c'est le temps de faire des compromis, elles sont musulmanes, ce n'est pas négociable et nous ne sommes pas libres de mettre nos limites chez nous.»

D'après les adeptes du port du foulard, les femmes doivent cacher leurs attributs pour ne pas susciter la tentation des hommes. Si c'était le cas, lors du Printemps arabe en juin 2011, à la place Tahrir au Caire, les femmes voilées ne se seraient pas fait agresser et violer en plein après-midi. Pourtant elles l'ont été, tout comme les femmes non voilées[8].

En plus de la chaleur et de l'inconfort, le port de la burka est la cause de plusieurs accidents, certains mortels, car la vision périphérique de ces femmes étant limitée, plusieurs se font frapper par les voitures, sans parler des dangers qu'elles représentent si elles sont au volant.

Selon le Centre d'étude national sur le diabète, l'endocrinologie et la génétique, basé à Aman en Jordanie, le port du hijab et du niqab augmente le risque pour les femmes d'avoir une carence en vitamine D, laquelle joue un rôle majeur dans la consolidation des os et des dents.

Cette étude[9] démontre que le taux de carence en vitamine D s'élève à 36,5% chez les femmes portant un niqab. Il est de 37,9% chez les femmes portant le hijab, et de 29,5% chez les femmes ne couvrant pas leur tête. Cette étude souligne également que 37,3% des femmes ont un faible niveau de vitamine D contre 5,1% pour les hommes. Une des causes majeures de carence en vitamine D s'explique par une exposition insuffisante au soleil. Il y a aussi carence en vitamine B quand les rayons du soleil sont totalement bloqués en permanence.

Il s'ajoute un problème non négligeable de sécurité publique. Des voleurs et des terroristes se servent de la burka comme déguisement pour dissimuler des explosifs ou des armes, franchir des points de contrôle ou commettre des actes illégaux[10][11][12].

L'origine de cette pratique remonte à la nuit des temps. Voiler les femmes est, en quelque sorte, le retour d'une mode rétro qui date d'au moins 4 000 ans. Dans un documentaire filmé datant de 1953, qu'on peut visionner sur Internet[13], il est particulièrement troublant d'entendre le président égyptien, Gamal Abdel Nasser, plaisanter sur l'obligation de porter le voile exigée par les Frères musulmans.

Le président s'adresse à un vaste auditoire masculin en ces termes: «Nous voulions vraiment honnêtement collaborer avec les Frères musulmans pour qu'ils avancent dans le droit chemin, mais les négociations entre les deux partis se heurtent très vite à des divergences idéologiques.»

Il poursuit sur un ton badin: «Un responsable des Frères musulmans m'a demandé d'imposer que chaque femme porte le voile en sortant dans la rue.» Le public éclate de rire et on entend un homme crier: «Qu'il le porte lui-même!»

Ravi de son effet, Nasser sourit et continue de plaisanter sur cet épisode: «Je lui ai répondu que c'était revenir à l'époque où la religion gouvernait et où on ne laissait les femmes sortir qu'à la tombée de la nuit. Je lui ai dit: *Monsieur, vous avez une fille à la faculté de médecine et elle ne porte pas le voile. Pourquoi ne l'obligez-vous pas à le porter? Si vous n'arrivez pas à faire porter le voile à une seule fille, qui en plus est la vôtre, comment voulez-vous que je le fasse porter à 10 millions de femmes égyptiennes?*»

Ce documentaire est en contradiction totale avec les mutations en cours actuellement dans la société égyptienne. Soixante ans après ce film d'archives, les informations sur la chaîne de télé publique sont présentées par une lectrice en hijab. Même si le port du voile n'est pas inscrit dans la loi, les pressions extrémistes exercées sur les femmes pour qu'elles le portent sont de plus en plus nombreuses, non seulement dans les pays du Maghreb, mais également partout dans le monde, y compris au Québec.

À ce sujet, un fait divers m'a interpellée de façon toute particulière en 2010: madame Naïma Atef Amed[14] a été expulsée d'une classe de francisation du cégep Saint-Laurent parce qu'elle refusait d'enlever son niqab pour la présentation d'une communication orale.

Je sais, pour avoir suivi des cours d'allemand très onéreux, que l'apprentissage d'une langue est plus que l'assimilation du vocabulaire. C'est également maîtriser la phonétique en plaçant les lèvres et la langue de la bonne manière et en respirant de la bonne façon. Il y a également l'expression qui joue un grand rôle pour se faire comprendre. Pour ce faire, il est impératif de voir le visage des personnes en apprentissage. Je rappelle aux lecteurs qu'il s'agit de cours dispensés gratuitement aux immigrants qui sont payés pour les suivre.

Cette dame voulait apprendre le français pour pouvoir exercer son métier de pharmacienne au Québec. Qui me dit, à moi qui arrive avec mon ordonnance, que c'est bien la pharmacienne qui est sous le niqab et non sa copine? Croyez-vous que je vais accepter quelque chose d'aussi important que des médicaments d'une personne que je ne peux pas identifier? Ce n'est pas du racisme, c'est un principe de sécurité élémentaire!

Bien sûr, nous sommes dans un pays libre et les femmes sont libres de s'habiller comme elles le veulent. Cependant, elles doivent également accepter que cela leur ferme des portes et assumer cette réalité. Et cette réalité est aussi valable pour n'importe qui, Québécois de souche ou non. La fille 100% québécoise d'une amie a dû dissimuler ses tatouages et enlever ses *piercings* si elle voulait obtenir un simple emploi de vendeuse à temps partiel dans une boutique.

Sur une note plus légère, le port du niqab peut avoir des conséquences imprévues. Ainsi, en 2010, le quotidien émirati *Gulf News* a rapporté qu'un ambassadeur arabe a annulé son mariage après avoir découvert que sa future épouse, une ressortissante d'un pays du Golfe qu'il n'avait jamais vue sans son niqab, avait une barbe et louchait.

Ce n'est qu'une fois le contrat de mariage signé, quand il a voulu embrasser son épouse, qu'il a vu son visage. Les photos que lui avait fournies la belle-famille étaient en fait celles de la sœur de la promise.

Le nouveau marié a déposé une plainte auprès du tribunal pour avoir été trompé par ses beaux-parents et le divorce a été prononcé[15].

Beaucoup de gens peuvent comprendre que des femmes, qui ont été élevées dans des cultures où le port de certains vêtements est associé à leur sexe, trouvent naturel de reproduire ces façons de faire dans leur pays d'adoption. Cependant, pour plusieurs, que des Québécoises fassent ce choix dépasse leur entendement. Il était primordial pour moi de rencontrer l'une d'elles pour mieux comprendre ses motivations.

• L'affaire Natasha Ivisic

J'ai eu la chance et le plaisir de rencontrer madame Natasha Ivisic, coréalisatrice, avec Yannick Létourneau, du film *Je porte le voile*, qui a été diffusé en 2009. Son film débute d'ailleurs par son témoignage à la commission Bouchard-Taylor sur les accommodements raisonnables. Elle y fait la promotion du droit à la liberté de porter le voile. Quatre années ont passé depuis son témoignage, au cours desquelles sa vie a changé du tout au tout. Elle a bien voulu répondre à mes questions afin d'apporter son point de vue dans ce livre qui traite, de même que d'autres sujets, de cette épineuse question.

Née dans la région de Montréal de parents chrétiens d'origine croate, elle est catholique pratiquante jusqu'à l'âge de 20 ans. En 1992, elle rencontre un jeune Algérien, son premier grand amour.

«J'étais en première année à l'université. Nous nous fréquentions depuis quatre mois quand il a reçu l'avis qu'il devait quitter le pays, sa carte de séjour arrivant à terme. J'étais très éprise et je voulais qu'il reste. Il a dit qu'il n'y avait que le mariage avec une Canadienne qui pouvait lui permettre d'avoir ses papiers de résidence. Nous nous sommes mariés et, pendant plusieurs mois, j'ai continué à vivre chez mes parents sans leur dire que je n'étais plus célibataire.»

Son mari est musulman pratiquant sans être strict. Il lui arrive, à l'occasion, d'aller dans les bars avec des amis. Enceinte, elle n'a pas le choix d'annoncer cette nouvelle à ses parents et de les informer qu'elle est mariée et qu'elle part vivre avec son mari. Ces derniers réagissent mal, mais respectent sa décision par amour pour leur fille et leur petit-enfant à naître.

Peu à peu, Natasha s'intéresse à la religion musulmane. Elle est séduite au point où elle souhaite se convertir. Mariée civilement, elle se marie à la mosquée où elle se fait des amies musulmanes.

La naissance de sa fille, quatre ans plus tard, suscite en elle le désir de porter le voile. Comme le dit son mari, elle doit être un exemple pour sa fille. Elle en discute avec son conjoint qui lui dit de le faire pour Dieu et non pour lui. Il lui suggère d'aller voir des femmes musulmanes qui sauront faire son éducation. Elle y rencontre des femmes des pays du Maghreb, musulmanes de naissance, ainsi que des femmes d'origine européenne et des Québécoises converties, dont la plupart ont épousé des musulmans. Elle trouve que ces femmes voilées dégagent une paix et une sérénité qu'elle aimerait partager.

Elle commence à porter le voile graduellement: à la mosquée, lors de certaines visites et activités, puis tout le temps. «Porter le voile dans les pays musulmans fait en sorte que tu passes inaperçue, ce qui n'est pas du tout le cas à Montréal.» Ce bout de tissu qui lui couvre les cheveux a comme pouvoir de l'identifier à un groupe religieux et de lui faire perdre tous ses anciens repères. Elle mange halal, remplace la musique par l'écoute des versets du Coran et ne porte plus de vêtements occidentaux. Les ponts se coupent avec ses anciennes amies, elle voit moins ses parents et son univers entier gravite autour de sa religion.

Elle ne se pose pas de questions durant 13 ans, c'est-à-dire jusqu'à ce que sa fille soit en âge de prendre la décision de porter le voile. Elle décide alors de tourner ce film pour elle, afin de l'aider à cheminer vers sa prise de décision. L'adolescente porte le voile pour aller à la mosquée, mais ne se sent pas prête à le porter en permanence.

Natasha était loin de se douter que c'était son propre choix qu'elle remettrait en question par cette quête. «J'ai appris que des imans disent que le Coran stipule que les femmes doivent porter le voile dès la puberté, alors que d'autres affirment que ce n'est écrit nulle part.» Elle côtoie des femmes voilées et d'autres qui ne le sont pas, tout en n'étant pas moins des musulmanes convaincues.

Avec une amie voilée, elle se rend à Warwick, dans la région des Bois-Francs, pour rencontrer une jeune femme qui a décidé d'enlever le voile et qui s'en porte très bien. «Elle a dit que la foi est une affaire de cœur qui n'a rien à voir avec une tenue vestimentaire.» À l'argument que le voile met une distance respectueuse entre les hommes et les femmes, la «transfuge» rétorque que c'est à elle de faire respecter les distances qu'elle souhaite établir et non au voile. Ces façons de voir ébranlent Natasha qui cherche des réponses.

Elle tente de lire le Coran, ce qui s'avère difficile à cause des versions divergentes et de la rigidité des textes. De plus, on lui fait clairement comprendre qu'elle n'a pas le droit de questionner.

Elle prend conscience qu'elle a décidé de porter le voile pour combler ses besoins spirituels, certes, mais également pour se faire aimer et pour faire partie d'une communauté qui lui procure un fort sentiment d'appartenance.

Ébranlée, elle ne sent plus le besoin de porter le voile. La décision de l'enlever se révèle aussi difficile à concrétiser que celle de le porter. «Je ne croyais pas être capable de le faire. Mon mari était déçu, car, pour un musulman, c'est un grand honneur d'avoir une femme convertie. Tu es aussi une acquisition prestigieuse pour la belle-famille et la communauté pour qui tu es une fierté. Quand j'ai décidé de porter le voile, mes parents et mes amis ne m'ont pas comprise. Quand j'ai décidé de l'enlever, ce sont mes amies musulmanes qui ne m'ont pas comprise. Je voyais ça comme un choix spirituel, mais c'est devenu un obstacle dans mes relations avec les autres. J'ai coupé la célébration de Noël avec mes parents, je me suis interdit de célébrer l'anniversaire de mes trois enfants, et j'ai pris d'autres décisions qui me privaient de ce qui m'apportait du bonheur avant.»

Elle enlève donc son voile graduellement, de la même manière qu'elle a procédé pour se l'approprier, mais pour en arriver à un résultat inverse. «Le voile devient une identité. La première fois que j'ai été dans un lieu public sans voile, c'était dans un centre d'achats. Il y avait ce jour-là plein de femmes voilées. Entre femmes voilées on se salue, et là, pour elles, j'étais devenue anonyme. Ça m'a manqué cette affiliation qui m'apportait une forme de reconnaissance, de sécurité et de respect.»

Son mariage, qui bat de l'aile depuis un certain temps, ne va plus du tout. Elle décide de quitter son mari et de demander le divorce. Elle doit repartir avec de nouvelles balises.

Natasha ne regrette pas d'avoir mis de côté ses repères culturels en décidant de porter le voile, pas plus qu'elle n'éprouve de la nostalgie de l'avoir enlevé et d'avoir à se réapproprier ses repères culturels. Elle considère que cette expérience l'a façonnée pour qu'elle chemine vers son épanouissement. «Le regard des autres dépend de comment tu te vois. Au début, quand j'étais voilée, je n'ai pas senti de la haine, mais de la curiosité. J'y voyais l'opportunité de parler de ma vision de la beauté de l'islam. Le 11 septembre 2001 a tout changé.»

Elle considère qu'aucune loi ne peut faire porter ou faire enlever le voile aux femmes. «Pourquoi vouloir se comparer en tant que société plutôt que de devenir celle qu'on souhaite être? Plusieurs femmes qui ne portaient pas le voile dans leur pays d'origine décident de le porter ici pour compenser la perte de leurs repères culturels. Elles quittent leur pays pour des raisons financières, ou à cause de la violence, et trouvent difficile de faire la transition entre leur culture et celle d'ici afin de s'adapter.

Quand je lui ai demandé si elle était encore musulmane, Natasha a pris quelques secondes avant de me répondre qu'elle était en réflexion. Elle ne se sent plus musulmane, ne pratiquant plus et transgressant plusieurs préceptes. «Je crois toujours en un Être supérieur, mais je crois également que la plus grande partie de ce qui nous arrive dépend de nous et de nos décisions. On ne peut pas attendre que l'aide vienne du ciel, il faut commencer par s'aider soi-même.»

DANS LES SERVICES PUBLICS

En novembre 2008, à Kandahar dans le sud de l'Afghanistan, 15 jeunes filles qui se rendent à l'école sont aspergées d'acide par des hommes en moto, trois d'entre elles sont grièvement blessées[16].

Une petite Pakistanaise âgée de 11 ans, Malala Yousafzai, se fait connaître sur un blogue de la BBC en témoignant des incendies de plus de 150 écoles pour filles dans la vallée de Swat, par les Talibans qui ont également interdit, par décret religieux, aux jeunes filles d'aller à l'école, en janvier 2009[17].

En avril 2010, à Kunduz dans le nord de l'Afghanistan, au moins 12 écolières de l'école Fatima Zahra, leur enseignante et une assistante, sont hospitalisées après avoir respiré les émanations d'une substance chimique toxique qui avait été vaporisée à l'intérieur de leur école[18]. Quelques jours auparavant, à Shina, en banlieue de Kaboul, plus d'une douzaine de jeunes filles ont été conduites à l'hôpital après avoir manifesté des symptômes d'empoisonnement[19].

En 2011, le courage de Malala Yousafzai lui vaut le Prix national pour la paix qui lui est remis par le gouvernement pakistanais[20].

En avril 2012, quelque 150 collégiennes du nord de l'Afghanistan sont empoisonnées après avoir bu de l'eau contaminée par des extrémistes[21].

En octobre, Malala Yousafzai fait à nouveau les manchettes alors qu'elle est grièvement blessée lors d'une tentative d'assassinat. Devenue une icône, elle livre un discours devant les diplomates de l'ONU lors de son 16e anniversaire[22].

Le 15 juin 2013, le groupe extrémiste sunnite Lashkar-e-Jhangvi revendique les attentats ayant causé la mort de 25 personnes, dont 14 étudiantes universitaires[23].

Malala Yousafzai, en lice pour le prix Nobel de la Paix en 2009[24], remporte le Prix Simone de Beauvoir[25] pour la liberté des femmes, puis Le Panthéon des Thélémites en 2013[26].

Pourquoi toutes ces horreurs contre des fillettes et des jeunes filles? Parce que la doctrine fondamentaliste islamique stricte, et non tous les musulmans, interdit aux femmes de fréquenter l'école.

Chez nous, pendant ce temps, le Congrès islamique du Canada «exige» que les musulmanes ne puissent transiger qu'avec du personnel soignant exclusivement féminin dans les établissements de santé canadiens et québécois[27]. Où sont-elles formées leurs femmes médecins, ainsi que leur personnel soignant féminin, dans certaines régions du pays d'origine de certaines d'entre elles, si les filles n'ont pas le droit d'aller à l'école? Dieu merci, ce ne sont pas tous les musulmans qui sont extrémistes.

Il faut tenir compte que les soins de santé publique sont payés par nos taxes. On augmente la facture considérablement si on répond à toutes les exigences particulières qui n'améliorent en rien la qualité des soins et alourdiraient encore plus le temps d'attente.

Les femmes du Québec ont été les dernières à avoir le droit de vote provincial au Canada en 1940, elles se sont fait imposer par la religion de multiples grossesses qui mettaient en péril leur santé, certaines ont subi l'inceste et la violence conjugale en silence pour gagner leur ciel et n'ont pu avoir accès à une éducation supérieure que depuis quelques décennies.

Grâce aux mères, grands-mères et arrière-grands-mères québécoises, il y a maintenant au Québec des femmes médecins, avocates, notaires, vétérinaires... et même premier ministre! Je considère donc qu'en leur nom et au mien, il est inconcevable d'accepter de régresser pour plaire à une minorité. Toutes les femmes, qu'importe leur provenance, devraient profiter de cette chance de s'émanciper, de s'épanouir et de bénéficier de soins de santé et d'éducation de qualité accessibles et défrayés par l'ensemble des Québécois.

3.

LES MARIAGES FORCÉS

D'après les chiffres d'Amnistie internationale[28], en 1993, au Rajasthan en Inde, 56% des femmes étaient mariées avant l'âge de 15 ans et 17% avant l'âge de 10 ans. Les parents offrent en mariage des enfants de 2 à 3 ans afin d'organiser la transmission de la propriété et de la richesse au sein des familles. Environ 95% des mariages sont arrangés par les familles, mais non forcés. On peut cependant se demander sur quoi se base le consentement d'une enfant de moins de 10 ou 15 ans.

Les causes principales de ces mariages précoces sont la pauvreté, l'analphabétisme, les traditions, l'ignorance de la loi, des lois inadaptées, la peur des parents, les grossesses hors mariage, la confusion entre religion et tradition, la faible participation des femmes à la prise de décision, l'avidité et la corruption.

Les conséquences dommageables sont majeures pour ces jeunes sur les plans physique, intellectuel, psychologique et émotif. Le taux de mortalité maternelle est élevé chez les mères adolescentes, de même que les accouchements prématurés. Il faut ajouter que ces jeunes filles ont devant elles une existence d'asservissement domestique et sexuel sur laquelle elles n'ont aucun contrôle.

Les adolescentes sont également plus sujettes à développer des maladies transmises sexuellement, incluant le VIH/SIDA. Dans certains pays, on croit qu'avoir une relation sexuelle avec une jeune vierge guérit du VIH/SIDA, ce qui fait augmenter dangereusement le risque de contamination de ces fillettes et adolescentes.

DES EXEMPLES PARMI D'AUTRES

Fatou, 12 ans, est contrainte d'épouser Souleymane, un riche quadragénaire polygame qui la violente toutes les nuits. Mis au courant des violences infligées à la fillette, le chef de village donne raison au mari prétextant que sa femme lui doit obéissance. Un jour, lassée, elle s'enfuit et trouve refuge dans une maison close, le seul endroit prêt à l'héberger à la condition qu'elle se prostitue[29].

Voici l'histoire d'une petite fille afghane de huit ans publiée par Mustafa Kazemi[30] [31], journaliste afghan, correspondant de guerre reconnu par ses pairs. Un médecin de l'hôpital principal de la ville de Zarani confirme qu'il a été mis au courant de «l'incident», mais il était trop tard pour intervenir, la région du drame étant trop éloignée.

Selon la tradition religieuse, en vigueur dans certaines régions afghanes, la fillette, originaire de Khashrood, province de Nimruz, est vendue à un mollah déjà marié et père de nombreux enfants. Les deux familles s'accordent sur le prix de vente de l'enfant et fixent la date du mariage lors d'une réunion tribale, puis elles organisent la fête de mariage, le mariage et le Nekah (processus religieux au cours duquel une femme est officiellement mariée à un homme). La fillette devient la deuxième femme du mollah de 50 ans.

Alors que la fête du mariage tire à sa fin, le nouvel époux se retire avec sa «femme» pour faire valoir ses prérogatives conjugales. Incapable de pénétrer son épouse, il ouvre le vagin au couteau après lui avoir mis son foulard dans la bouche pour assourdir ses cris de douleur. Il conclut dans la plaie alors que la petite meurt au bout de son sang, sans qu'aucune aide médicale ne lui soit apportée.

La famille de l'enfant pleure tristement sa mort, sans demander une quelconque explication sur la cause du décès. Les femmes qui lavent le corps de la petite fille, selon le rite religieux qui précède l'enterrement, n'osent demander une explication quant aux blessures aux parties génitales, le mollah étant un homme d'une grande influence dans le village.

Le mollah déclare avoir «mauvaise conscience» à propos de ce qui s'est passé. Il est donc pardonné. Après tout, il ne s'agit que du viol d'une petite fille, la mort d'un être sans importance, un objet sexuel… facilement remplaçable.

Le jour suivant la publication du récit par Kazemi sur son mur Facebook, les législateurs pro-charia afghans bloquent une proposition de loi sur «l'élimination de la violence contre les femmes» qui aurait permis de pénaliser le mariage avec des fillettes de huit et neuf ans et de relever l'âge légal du mariage à 16 ans. Pour ces législateurs, cette proposition de loi est anti-islamique. Dès lors, il devient inutile d'en discuter.

Invalider le mariage avec des fillettes reviendrait de facto à invalider le mariage du prophète Mahomet avec Aïcha[32], la mère des croyants, qui s'était mariée avec lui à l'âge de six ans, sans son consentement. D'autres petites filles continuent donc à subir des mariages forcés avec des hommes beaucoup plus âgés qu'elles, à souffrir et à disparaître dans l'indifférence générale.

En Afghanistan, les provinces rurales sont régulièrement le théâtre d'atrocités. L'exécution publique d'une femme accusée d'avoir fui son domicile conjugal a été filmée dans un petit village de la région de Parwan.

Bibi Aisha, dont on peut voir la photo sur Internet, a eu le nez et les oreilles coupés par son mari – un Taliban – dans la province d'Uruzgan. Elle a fait la une de l'hebdomadaire américain *The Time* qui a été vertement critiqué pour cette couverture[33].

Selon un rapport de *Human Rights Watch*, basé sur les statistiques fournies par le ministère afghan de l'Intérieur, 600 femmes victimes d'abus sexuels et de violence conjugale ont été accusées de «crimes moraux» pour avoir essayé d'échapper à leur bourreau de mari et condamnées à la prison[34]. La communauté internationale, les États-Unis inclus, qui avait jusqu'alors fait pression pour améliorer le sort des femmes afghanes, est désormais plus intéressée par les discussions avec les Talibans, engagées en catimini, afin de préparer progressivement leur retour au pouvoir comme force politique dans un futur gouvernement de coalition, que sur le sort des femmes et des fillettes afghanes[35].

Je sais pertinemment que ces histoires d'horreur arrivent dans tous les pays du monde, car partout, hélas, il existe des pédophiles et des sadiques. Ce qui m'horripile, c'est que les autorités de certains pays, qu'elles soient religieuses ou civiles, ne se servent pas de leur pouvoir pour réprimer et appliquer des peines à ceux qui sont la cause de ces atrocités.

Alors qu'en Occident, un crime de ce genre vaudrait plusieurs années de prison, dans ces pays, les bourreaux ne sont pas inquiétés, car on se sert même du Coran pour justifier leurs agissements. Ces pays perdent une belle occasion de redorer leur blason en démontrant que les mentalités ont évolué depuis le Moyen Âge.

La France et le Québec ne sont pas à l'abri de ces situations. En France[36], des jeunes filles, souvent mineures, sont «mariées» par leur famille à des Africains pour environ 1 500 euros (autour de 2 000 $). Ces hommes se présentent régulièrement dans leur «belle-famille» pour retrouver leur épouse afin de lui imposer des rapports sexuels avec la complicité des parents.

Il s'agit de mariages traditionnels, non officiels. Ces jeunes filles sont gravement perturbées et certaines se suicident... Leurs enfants, si elles en ont, sont eux aussi à risque. Ces adolescentes font également partie des ethnies qui pratiquent les mutilations sexuelles.

En 2007, l'émission Enjeux à Radio-Canada[37] a présenté un reportage sur les mariages forcés organisés ici même au Québec, où des jeunes filles sont mariées de force à des hommes souvent beaucoup plus âgés qu'elles.

Sakina a accepté de témoigner sous l'anonymat, à l'insu de sa famille et de son mari. Originaire du Bangladesh, elle a grandi à Montréal. À 16 ans, elle accompagne ses parents dans son pays natal pour supposément visiter sa grand-mère malade. Une fois sur place, elle se rend compte qu'elle est là pour se marier à un homme qui a deux fois son âge.

Le mariage a lieu malgré ses protestations et ses pleurs. Sa mère la bat à plusieurs reprises pour l'obliger à accepter cette union. Constamment enfermée dans une chambre, elle est battue et violée par son mari. Après deux mois d'enfer, sa mère accepte qu'elle se sépare. Elle rentre à Montréal... où ses parents l'obligent à épouser un autre homme de leur choix!

Une autre jeune fille, qui a grandi au Pakistan, que nous nommerons Noor, a appris que son père lui cherchait un mari. Soumise, elle accepte d'épouser un jeune Pakistanais du Canada.

Pour le futur mari, qui réside à Montréal, c'est également une union forcée. Le mariage a lieu en janvier 2002, en même temps que la première rencontre. Le couple vit chez les parents du jeune marié. Au bout de trois mois, le jeune homme lui avoue qu'il l'a épousée sous la contrainte, qu'il ne l'aime pas et qu'il a décidé de la quitter.

Elle vit recluse chez ses beaux-parents qui la font travailler comme couturière jusqu'à 12 heures par jour. Sa famille au Pakistan ignore sa situation. Deux ans plus tard, elle quitte sa belle-famille et réussit à refaire sa vie.

Jaspritt est une jeune Indienne de 16 ans élevée à Montréal et promise depuis l'enfance à un homme qui vit en Inde. Malgré qu'elle soit follement éprise d'un jeune Indien de Montréal, d'une caste inférieure à la sienne, ses parents ont bien l'intention de respecter leur engagement. Le 11 décembre 2001, Jaspritt et son amoureux de 19 ans se jettent devant la rame de métro à la station Frontenac.

Louise Gagné, la psychoéducatrice de l'école secondaire Lucien-Pagé, où étudiait Jaspritt, a révélé que la jeune fille s'était confiée à la psychologue, malgré les pressions familiales, les interdictions et le secret. Le personnel de l'école reçoit régulièrement des demandes d'aide d'adolescentes qu'on veut marier malgré elles.

Sabine Venturelli, avocate en immigration, considère qu'il est difficile pour ces jeunes filles de se sortir de ces situations pour des raisons d'ordre culturel. Divorcer ou faire annuler leur mariage, c'est défier la famille et bousculer les valeurs de leur communauté.

Les CLSC et les centres communautaires qui traitent ces dossiers se plaignent du sous-financement qui les empêche de pouvoir aider adéquatement les parents à mieux comprendre la culture et les lois québécoises et de venir en aide aux filles désespérées prises dans cet engrenage.

Il existe également une autre forme de mariage forcé. Le 17 mars 2012, quelques centaines de femmes manifestent devant le parlement du Maroc à la suite du suicide d'une adolescente de 16 ans, Amina El Filali[38], contrainte d'épouser l'homme qui l'avait violée alors qu'elle avait 15 ans. Elles demandent l'abrogation ou la refonte d'un article du code pénal qui punit le violeur d'emprisonnement si la victime est mineure, sauf dans le cas d'un mariage. Si celui-ci est consenti par les parents de la fille violée, l'agresseur n'est plus poursuivi par la justice.

Dans un article de LCI[39], on lit que le viol est courant au Maroc et que, si on en parle aujourd'hui, c'est à la suite du suicide d'une jeune fille de 16 ans, lequel a choqué le monde. Si elle ne s'était pas suicidée, personne n'aurait parlé de son viol et de son mariage forcé avec le violeur, une condamnation au viol à perpétuité.

Il y a cependant de l'espoir. Des fillettes demandent et obtiennent le divorce alors que c'était impensable il y a quelques années.

En 2008, Nojoud Ali[40], une jeune Yéménite de 10 ans, obtient le divorce après avoir été mariée à l'âge de neuf ans à un homme dans la trentaine. Elle est choisie parmi les femmes de l'année 2008. Son histoire, très médiatisée partout dans le monde, a ouvert la voie aux autres petites filles mariées de force.

Nojoud Muhammed Nasser[41], une autre jeune Yéménite de huit ans, s'est présentée seule en cour pour demander le divorce d'avec son mari de 30 ans.

En janvier 2010, le quotidien Al-Riyadh[42] rapporte qu'une fillette de 12 ans a été donnée en mariage à un homme de 80 ans contre sa volonté et celle de sa mère, et que le mariage a été consommé. Selon la presse, c'est le père, qui est séparé de sa femme, qui a arrangé le mariage contre le versement d'une somme de 85 000 riyals, soit 22 667$.

En février, revirement de situation, la fillette et sa mère retirent la demande de divorce auprès du tribunal de Bouraïda, au nord de Ryad, bien qu'elles aient reçu le soutien d'activistes et de défenseurs des droits des enfants.

La fillette a assuré, devant le tribunal, que le mariage avait été conclu avec son consentement, indique le quotidien Okaz, tandis que le journal Al-Riyadh précise qu'elle a seulement exigé de continuer d'aller à l'école.

L'avocat de la fillette, Salah al-Dabibi, cité par Al-Riyadh, s'est dit «écœuré» par ce retournement et n'a pas exclu des pressions sur la mère et l'enfant.

Une princesse, qui dirige une association de défense des femmes divorcées, Sarra Bent Messaed Ben Abdel Aziz, a demandé au roi Abdallah d'intervenir pour interdire le mariage des enfants, selon le même quotidien.

En juin 2010, une vidéo sur *dailymotion.com* montre une fillette afghane de 12 ans en larmes demandant de l'aide pour obtenir le divorce[43].

En 2012, une autre petite fille d'Arabie Saoudite de huit ans demande le divorce de son mari quinquagénaire[44].

La Presse.ca internationale du 23 juillet 2013[45] présente le plaidoyer d'une petite Yéménite de 11 ans, Nada al-Ahdal, qui s'est enfuie chez son oncle parce que sa mère voulait la marier à un homme plus âgé. Elle raconte directement à la caméra comment on brise l'avenir et les rêves de millions de petites filles, dont certaines préfèrent le suicide à un mariage forcé.

On remet régulièrement en doute la crédibilité de ces témoignages. Il est fort possible, en effet, qu'il se glisse des opportunistes en quête de gratification ou d'attention qui montent un canular. Cependant, une chose est certaine, l'arbre ne doit pas cacher la forêt. Il y a avantage pour certains à faire grand cas d'une supercherie pour mettre en doute l'évidence.

Un rapport d'Amnistie Internationale fait également état de pratiques terrifiantes au Yémen[46]. Autour de 80% des mariages y sont organisés après viol et séquestration de la fiancée pour faire baisser le prix de la dot. Quand la jeune fille n'est pas vierge, sa valeur marchande décroît drastiquement. L'homme enlève donc la femme qu'il convoite pour le mariage, il la viole et propose à la famille de réparer sa «faute» en l'épousant, moyennant une dot en dessous du marché.

La loi s'applique également aux étrangers. En juillet 2013, la plainte pour viol d'une Norvégienne de 24 ans portée aux autorités à Dubai a donné des résultats inattendus[47].

Le 6 mars, Marte Deborah Dalelv, qui travaillait à Doha au Qatar, s'était rendue aux Émirats Arabes Unis avec son patron, un Soudanais d'une trentaine d'années, dans le cadre de son travail. Après une soirée bien arrosée avant leur départ, elle demande à son patron de la raccompagner à sa chambre d'hôtel, car elle ne se sent pas en sécurité. Il lui fait des avances qu'elle refuse. Il la viole. Elle demande à la réception d'appeler les policiers.

Ces derniers ne lui démontrent aucune empathie et confisquent son passeport et son argent. Quatre jours après, elle est officiellement poursuivie pour avoir eu des relations sexuelles hors mariage, parjure et consommation d'alcool. Le 17 juillet, le verdict tombe: elle est condamnée à 16 mois de prison et son présumé agresseur, à 13 mois.

Aux Émirats Arabes Unis, dont Dubaï fait partie, pour qu'un viol soit reconnu, la loi exige qu'il y ait soit un aveu, soit quatre témoins masculins pour qu'il y ait condamnation. Dans ce cas, le présumé violeur nie les faits.

Ce n'est pas une première[48]. En décembre 2012, une Britannique, qui a dénoncé un viol, a été condamnée pour avoir bu de l'alcool. Une femme émiratie a écopé d'un an de prison pour avoir également dénoncé un viol, et une Australienne a passé 11 mois en prison pour la même raison.

Cette affaire a suscité l'indignation de l'opinion publique partout dans le monde. La diplomatie norvégienne a demandé des explications aux autorités et suivi cette affaire de près. Finalement, le 22 juillet, Marte Deborah Dalelv est graciée et peut regagner son pays. Le présumé agresseur est également gracié.

*

Bien sûr, se retrouver dans une situation pareille à l'étranger est épouvantable. Cependant, que dire quand ce choc est subi à l'intérieur de la cellule familiale, imposé par ceux-là même à qui incombe la responsabilité d'assurer notre sécurité?

Les entrevues que j'ai faites en France m'ont permis de rencontrer des personnes extraordinaires et, parmi ces personnes, l'une m'a mise en contact avec la non moins remarquable Catherine Preljocaj, auteure du livre *Le bonheur pour une orange n'est pas d'être un abricot*, publié en 2006 aux Éditions Poche Jouvence.

• L'affaire Catherine Preljocaj

Catherine est une Française dont les parents, d'origine albanaise, ont régi leurs vies et celles de leurs enfants, particulièrement les filles, comme s'ils n'avaient jamais quitté l'Albanie plusieurs décennies auparavant.

La plupart de ces jeunes filles qui vivent en vase clos abdiquent, tellement le rapport de force est inégal. Cependant, quelques-unes survivent à leur révolte et lèvent le voile sur ce drame invisible. C'est cette histoire tragique, la sienne et celles de milliers d'autres bâillonnées à jamais, que Catherine dénonce dans son livre.

Elle explique le choix du titre de son livre en ces termes: «Allez demander à une orange d'être un abricot si elle n'en a pas le noyau! Nous devrions commencer par la quête de nous-mêmes plutôt que par celle du monde... C'est ce qui m'est arrivé, non par choix, mais sous la contrainte et par la force des événements!»

Je suis honorée qu'elle joigne sa voix aux nôtres en nous permettant de publier, aux pages suivantes, la préface de son livre signée par Jean-Louis Servan-Schreiber, réputé journaliste, patron de presse et essayiste français, suivi d'un extrait révélateur de son ouvrage.

LA PRÉFACE
DE JEAN-LOUIS SERVAN-SCHREIBER

*Se cacher est un plaisir, mais
ne pas être trouvé est une catastrophe.*
— DONALD W. WINNICOTT

---

*Je vous souhaite des rêves à n'en plus finir
et l'envie furieuse d'en réaliser quelques-uns.*

*Je vous souhaite d'aimer ce qu'il faut aimer
et d'oublier ce qu'il faut oublier.*

*Je vous souhaite des passions.
Je vous souhaite des silences.*

*Je vous souhaite des chants d'oiseaux
au réveil et des rires d'enfants.*

*Je vous souhaite de résister à l'enlisement,
à l'indifférence, aux vertus négatives de notre époque.*

Je vous souhaite d'être vous.

— JACQUES BREL

Catherine Preljocaj n'est pas une personne facile. Sa lutte pour sa vie l'a aguerrie, elle lui a buriné le cœur, elle aurait pu le fermer aux autres si souvent menaçants au long de son histoire personnelle. Mais on devine à son sourire d'une discrète bienveillance qu'elle a choisi une autre voie: celle de mettre sa force et sa philosophie de vie au service des autres. Elle est devenue thérapeute. Elle a aussi choisi de se raconter, mi-témoignage, mi-exorcisme. C'est le thème de ce livre publié une première fois en 2001.

Un récit âpre et superbe comme les montagnes d'Albanie dont elle est originaire.

Une sorte de reportage de guerre. Contre des contraintes patriarcales à l'égard des filles. Contre le risque de marginalité qui à tout moment peut se refermer sur elle. Contre le cancer devenu l'ultime épreuve initiatique de la barbarie moderne. Contre elle-même et les tentations des dérivatifs faciles et destructeurs. De quoi effrayer des lecteurs qui veulent se protéger contre l'évocation même des duretés de l'existence? Loin de là, car Catherine loin de s'apitoyer sur elle-même a su trouver le rythme, la distance, l'humour, mais aussi la force de nous faire entrer dans cette histoire peu banale. Les témoignages de vie qui sonnent juste nous aident à mieux nous comprendre nous-mêmes, à nous rapprocher des autres. Ce qui rend ce livre si contemporain, c'est qu'il fait le pont entre les contraintes de l'archaïsme, du communautarisme et les risques de solitude toujours proches.

C'est parce qu'elle s'en est sortie, physiquement et moralement, que Catherine Preljocaj force notre attention et notre estime. Elle nous donne du courage et l'on referme son Bonheur… plus optimiste qu'on ne l'avait commencé. C'est une recette de survie.

– Jean-Louis Servan-Schreiber

Extrait de « Quand le voile est invisible »

Je suis née en France dans une famille d'Albanais, avec une faiblesse immense, une carence que l'on ne pallie pas. Une sorte de handicap dont on feint de s'accommoder avec le temps... celui d'être femme. La lucidité poussée à l'extrême mène soit à la folie, soit à la mort. J'ai apparemment fait le choix à l'âge de trente ans de hurler, en désespoir de cause, avec la violence d'un cancer du sang fulgurant et d'une tumeur à l'estomac. Mon salut était d'assassiner mon corps, puisqu'il était – j'ai mis des années à le comprendre – le réceptacle d'une féminité bafouée, en danger.

Cette stratégie mortifère a failli avoir ma peau. Si d'une certaine manière je suis morte, j'ai finalement « renu ». La guérison a eu lieu. Sur le plan organique, mais surtout sur celui plus subtil de mon intériorité. La sensation d'être une femme coupée en deux, par le scalpel du chirurgien avec l'ablation des deux tiers de l'estomac, une cicatrice qui part de dessous mes seins jusqu'à la naissance de mon pubis démontra le sens de ma maladie. Elle aura eu le grand privilège de me bousculer dans tous les sens du terme. Car guérir ne signifie pas qu'on devienne heureux pour autant.

Mon enfance tout comme mon adolescence furent écrasées entre l'enclume de la tradition albanaise et le marteau de la modernité. Dans un monde où l'accès à la connaissance est une valeur de la République, j'ai grandi enfermée et élevée comme une « Esclave » – l'Albanie a subi l'invasion ottomane durant cinq siècles – tandis que mes parents me traînaient à l'église et me casaient chez les « bonnes sœurs ».

Comme mon père se signait avant chaque repas tout en me menaçant de toutes les punitions jusqu'à la plus extrême, j'eus à jouer de l'équilibrisme à maintenir les forces antinomiques de ma double éducation.

J'ai eu beau essayer de devenir une «bonne» Albanaise dans ma diaspora originelle, mais l'appel de ma seconde moitié, celle-là bien française, de naissance et de culture, mettait son grain de sel! Mes camarades de classe, lesquels me considéraient comme une étrangère, celle qui vient manger le pain des Français, eux ne comprenaient pas ma part albanaise qui voulait prendre part au débat. De quoi en perdre son latin! Immergée dans le Paris des années paillettes des années quatre-vingt, je servais le café turc aux hommes du clan, tête baissée. Univers surréaliste; à douze kilomètres de la capitale, ma famille, en son pavillon «little Albanie», n'en oubliait pas le poids de «l'honneur» réservé aux femmes et sa finalité: le mariage, forcé. Celui de ma sœur fut annoncé. Gina retournera dans les Balkans, en ex-Yougoslavie, rejoindre l'homme que ma mère lui a désigné.

Au Monténégro une déchirure indélébile s'est inscrite en moi. Comme si l'on enterrait ma sœur vivante devant moi, impuissante. Ce sont les rituels d'un autre monde qui me sont parvenus durant ces noces barbares auxquelles j'assistais, à moins de cinq cents mètres d'elle, parce que j'en étais bannie. Je l'ai intégré, ce jour-là, je ne pourrais jamais faire corps avec ces racines et mœurs qu'on m'imposait. Mon «albanitude», maladie honteuse inoculée par des années de rites, de machisme… avait tissé un voile qui me collait à la peau. Mais voilà; le voile était invisible… aux yeux des Français.

C'est pourquoi, à l'époque, j'aurais préféré porter un voile de coton, de lin ou de soie; le morceau de tissu aurait peut-être simplifié ma vie. Mon adhésion obligatoire aux traditions issues du bassin méditerranéen aurait été révélée au monde. Sur le même principe; il eut été préférable dans ce cas que je naisse en Albanie, oui; je n'aurais vu rien ni entendu de ce qui peut exister ailleurs. Là fut la source d'une douleur intolérable; celle de n'être comprise par aucun. Ni mes amies de pensionnat ni les acteurs de structures scolaires ou sociales lesquelles étaient sensées me protéger. À 14 ans, j'ai glissé des appels au secours au travers de ce que mes parents ne pouvaient contrôler: mes dissertations. Ma prof de français m'invita donc un jour à lui raconter mes malheurs. C'est seulement près de 30 ans plus tard, grâce à un article qu'elle a lu dans la presse, qu'elle me révéla sa perception: «Je suis désolée, navrée, confuse de n'avoir pas compris, etc. J'ai cru que tu étais mythomane!» Je lui pardonnais tout en m'interrogeant. Que se serait-il passé si elle avait cerné l'étendue des dégâts?

Je ne serais pas devenue rebelle, ne me serais pas enfuie, mes parents ne m'auraient pas menacée de mort ni traquée, ni ramenée à la raison, donc chez eux. Je n'aurais pas vécu la solitude, l'angoisse et certaines galères jusqu'à me faire «un sang d'encre» – n'aurais pas été autodidacte, n'aurais pas travaillé comme une damnée pour m'élever socialement et me libérer de l'oppression. J'aurais été mariée avec un compatriote, avec la chance qui me caractérisait, un producteur de pastèque pas loin de ma grande sœur ou avec un ouvrier de New York. J'aurais eu droit au rituel du drap taché des noces. Et puis des enfants. Les membres de la diaspora se seraient invités les dimanches et jours fériés dans notre appartement ou maison, en fonction de notre ambition. J'aurais ainsi obtenu la reconnaissance de mon père et l'amour inconditionnel de ma mère, soulagée que je souffre comme elle, au nom de la tradition de l'honneur et de nos traditions.

Le destin en a décidé autrement. Suite au mariage de Gina, j'ai osé franchir le mur de ma prison, de me frotter à l'altérité, de me forger un avenir autre, en tout cas un présent qui n'appartienne qu'à mes valeurs et désirs, même si je me suis farci une terrible culpabilité à trahir ma famille, jusqu'à la maladie.

J'eus à guérir ma vie; je suis entrée en écriture. Durant quatre années, afin de me tisser un habit de protection et de dignité, et non plus un voile, je me suis mise à nue, j'ai levé des tabous, bafoué le sens de l'honneur, dérangé les membres de ma diaspora, révélé ma vérité et brisé le silence de l'omerta albanaise. Écrire le voyage intérieur d'une femme universelle qui cherche à être elle-même sans jouer la partie des autres exigeait un témoignage qui serve à toutes les femmes, peu importe d'où elles viennent ou vivent.

J'ai transgressé l'interdit de me taire avec des mots qui soulageraient mes maux. Je me suis obligée à décrire par le menu le choc violent à vivre entre l'archaïsme d'une culture – où féminité est synonyme d'imperfection, où tout est formaté – et l'aspiration propre d'un individu, d'une âme singulière décidée à vivre ardemment. Revivre aussi ma détresse d'alors, sans pathos, avec de l'humour, pour que se révèle, de cette histoire instinctive, la lumière viscérale qui donne à saisir l'essence de la femme, l'essence de l'humanité, le sens profond de la vie.

Souffrir afin de l'écrire puis de l'offrir aux autres. Était-ce le prix à payer de ma liberté? Si c'est le cas, je ne regrette qu'une chose: être parfois inconsolable qu'on ait sacrifié mon enfance et ma jeunesse sur l'autel du machisme.

Malheureusement, le machisme n'est pas une idéologie spécifique aux Balkans, on en retrouve des stigmates dans tous les coins et recoins de l'univers.

4.

UN CRIME CONTRE L'HUMANITÉ :
LE FÉMICIDE

Fémicide est un terme générique qui définit un crime vieux comme le monde : la mise à mort d'une fille ou d'une femme par viol, mutilations, étranglement, supplices divers, dont le dépeçage et l'incinération.

Contrairement à l'homicide, le fémicide n'a pas besoin de la colère ou de la haine pour s'accomplir, il suffit d'être une femme ou une fille pour en être victime. Ce crime est courant en Afrique du Nord, en Afrique noire, en Asie et en Amérique, notamment au Mexique, en Amérique centrale et en Amérique du Sud, et commis par des hommes pratiquant différentes religions[49][50][51].

Plusieurs femmes et jeunes filles, qui avaient en commun d'être jolies, dont certaines n'avaient que 12 ans, ont été enlevées et assassinées à Ciudad Juárez, au Mexique, en 1993[52]. Elles étaient ouvrières, étudiantes ou domestiques, de tous les milieux, mais en majorité défavorisées, analphabètes et autochtones. Ces crimes restent toujours inexpliqués et leurs auteurs impunis. Amnistie internationale parlait de 370 meurtres et 400 disparues en 2003, alors que d'autres sources parlent de plus de 2 500 disparues.

Les autorités prétendent que ces chiffres sont exagérés, car plusieurs seraient liés à des règlements de compte de narcotrafiquants, des crimes passionnels ou de gangs de rues et que le fémicide n'est plus pratiqué. Les intervenants communautaires ainsi que le représentant de la Commission nationale des droits de l'homme du Mexique affirment le contraire et que les autorités se servent de ces prétextes pour ne pas enquêter.

En février 2004, huit Québécoises de différents milieux se sont rendues à Mexico et Ciudad Juárez dans le but d'exprimer leur solidarité aux femmes et aux organismes qui travaillent à la démocratisation de la justice sociale. Depuis, des délégations américaines et européennes se déplacent en tant qu'observatrices, non seulement au Mexique, mais également dans d'autres pays dont le Guatemala, afin d'éviter aux intervenantes communautaires qui dénoncent ces crimes d'être assassinées. Ces pays ne veulent pas d'une mauvaise presse qui nuise à leur économie et au tourisme.

Au printemps 2010, deux intervenantes du Guatemala ont fait une tournée au Québec pour témoigner de la situation prévalant dans leur pays. Ces deux femmes préfèrent garder l'anonymat pour éviter qu'elles, ou des membres de leurs familles, soient victimes de représailles dont elles sont continuellement victimes.

Maria[53] a fait le constat suivant de la situation dans son pays. «Durant la guerre civile, qui s'est terminée en 1996, les viols étaient systématiques. Nous voulons la mise sur pied d'un tribunal alternatif de justice pour que les survivantes puissent dénoncer les violeurs et qu'ils soient jugés. Nous refusons le silence et l'oubli. Depuis 2001, les autorités reconnaissent l'assassinat de 4 000 femmes et jeunes filles. Il s'agit là de chiffres conservateurs qui représentent une infime partie de la réalité.»

Que se passe-t-il si on fait une plainte à la police? «Non seulement, les policiers n'interviennent pas, mais ils sont souvent impliqués dans ces meurtres. Au Guatemala, et dans la plupart des pays d'Amérique centrale, une femme n'a pas de valeur, n'importe qui peut s'en emparer et laisser libre cours à sa cruauté pour la martyriser, la violer ou la tuer. Ce qu'elle peut subir n'est pas pris au sérieux à cause d'un système d'oppression ancestral qui prône le mépris et la dévalorisation du sexe féminin. En plus de souffrir de malnutrition et d'être victimes d'un haut taux de mortalité lors des accouchements, la vie d'une femme n'a aucune valeur. Il y a un manque de volonté évident de l'État à prendre des mesures pour changer la situation.»

Un conjoint a également tout pouvoir sur sa femme, sa propriété, à qui il peut infliger des mauvais traitements jusqu'à la mort. Il ne sera pas inquiété par les autorités pour un fait divers aussi banal. Une femme qui veut porter plainte contre son mari qui la bat se fera dire: «Qui va donner à manger à tes enfants si tu dénonces ton mari?»

Depuis qu'une loi a été votée au Guatémala en 2008 pour protéger les femmes, en moins d'un an, 6 186 plaintes ont été déposées. De ce nombre, quatre accusés ont été reconnus coupables et un seul a eu une sentence à purger. Les relations entre hommes et femmes sont inégales au point que même les hommes plus évolués pratiquent une forme de violence subtile: le travail de leur femme, quel qu'il soit, ne doit pas nuire à l'exécution des tâches ménagères.

Consuelo[53], une des conférencières, a fait valoir que c'est toute une mentalité qui doit changer. «Qu'un homme puisse se servir de sa machette ou de son arme à feu contre une femme qui doit être soumise et n'a pas le droit de se défendre paraît normal. Ces problèmes *d'ordre privé* doivent devenir publics. Récemment, une femme a dénoncé son mari pour mauvais

traitements. Les policiers l'ont interrogé puis relâché. En reve-
nant, il lui a tiré une balle dans la tête. C'est un miracle si elle
est toujours en vie et elle en gardera des séquelles toute sa
vie.»

Les intervenantes du Guatemala considèrent que c'est la
dépendance qui permet que ça continue. «Les femmes n'ont
pas accès à l'éducation et à un travail avec un salaire juste. Il
n'est pas rare de voir des femmes abandonnées sans ressources
avec quatre ou cinq enfants, des policiers violer les femmes
qu'ils devraient protéger, des pères incestueux en liberté... La
grande peur des hommes est d'être surpassés par les femmes.»

Les intervenantes qui travaillent pour apporter des change-
ments sont ridiculisées, menacées et parfois victimes de sévices. «On manque de tout, refuges pour les femmes violentées,
ressources thérapeutiques et surtout de volonté sociale et politique pour que ça change.»

Même la remise du prix Nobel de la paix en 1992 à Rigo-
berta Menchú Tum, une Maya qui milite en faveur des droits
de l'homme et soutient les populations indigènes, a été perçue
comme une menace dans son pays. Sa candidature à la présidence n'a pas été soutenue, même par les autochtones peu
habitués aux nouveaux partis.

Depuis 2003, on a constaté que les revendications des femmes ont augmenté au même rythme que les réactions d'intimi-
dation. Il y a cependant des actions entreprises pour briser ce
cycle infernal.

«Nous avons obtenu la nomination d'une juge de paix et
d'une directrice d'hôpital, la mise sur pied de bureaux de soins
psychologiques et de services communautaires, dont des refuges pour femmes et des soins pour les personnes atteintes du
VIH, et nous faisons de la sensibilisation auprès des enfants et
des jeunes pour faire évoluer les mentalités. Nous abandon-

nons le silence pour donner vie à nos voix et partager nos paroles avec la société.»

Il y a malheureusement d'autres pratiques ancestrales qui ont cours dans certains pays, essentiellement pour des raisons d'ordre coutumier, dont les mutilations génitales féminines. Ces mœurs font des ravages considérables, dont nous ne connaissions pas l'existence il n'y a pas si longtemps. Si cette pratique a été intégrée à la foi musulmane dans plusieurs pays, elle est avant tout culturelle, car elle a cours dans d'autres communautés religieuses, y compris chez les chrétiens depuis des temps immémoriaux, notamment chez les Coptes d'Égypte et les Abyssins d'Éthiopie et d'Afrique Noire.

5.

LES MUTILATIONS GÉNITALES
FÉMININES

Il y a de ces situations qui nous laissent démunis face à leur ampleur et du peu de moyens dont nous disposons pour faire changer les choses. De plus, nos convictions sont souvent remises en question. Jusqu'où devons-nous tolérer des valeurs qui ne sont pas les nôtres? Quelle place sommes-nous prêts à laisser aux coutumes et à la liberté de faire autrement?

Je crois qu'on tente actuellement de nous faire passer n'importe quoi en y accolant l'étiquette de la liberté. Liberté rime avec intégrité. Personne ne devrait disposer du corps d'une autre personne comme s'il en était le propriétaire, que ce soit le parent, le conjoint ou qui que ce soit d'autre. Chacun devrait être libre de faire ses propres choix.

Bien sûr, un parent qui fait opérer son enfant, même si l'enfant ne veut pas parce qu'il a peur, agit correctement puisque l'objectif est de le guérir ou de lui sauver la vie. Dans le cas des mutilations sexuelles, c'est le contraire qui se produit. On prend un enfant sain pour risquer de l'infecter et de provoquer sa mort.

Je comprends parfaitement que cela va de soi pour certaines personnes qui ne connaissent rien d'autre; que dans certaines communautés, la jeune fille non excisée fera un moins beau mariage ou restera célibataire contre son gré, et que, pour certaines femmes, faire des excisions rapporte de quoi survivre. Est-ce qu'on laisse faire un tueur à gages parce que c'est de cette façon qu'il nourrit ses enfants? Ne devrait-on pas tenir compte des conséquences autant, sinon plus, que des motivations quand on parle d'ingérence?

Les mutilations sexuelles font partie de ces situations complexes.

Afin de ne pas me laisser influencer par les préjugés que je pourrais avoir, j'ai décidé d'aller rencontrer des femmes qui ont elles-mêmes subi ces mutilations dans leurs corps et leurs âmes, ainsi qu'une intervenante qui lutte pour enrayer cette pratique. Comment ont-elles vécu cette expérience? Quelles en ont été les conséquences? Et comment expliquent-elles que des femmes fassent subir ça à d'autres femmes?

Avant de leur donner la parole, j'aimerais vous présenter le témoignage de Zina. Elle fera en quelque sorte la transition entre deux perceptions, et ce, à travers ses souvenirs de petite fille.

LES SOUVENIRS DE ZINA

Gézina, dont le diminutif est Zina, est la seule fille de San Schippers, un Hollandais autodidacte qui fut constructeur de voiliers, navigateur, entrepreneur, inventeur, cinéaste, écrivain, astronome, philosophe et explorateur. Il était également un mari et un père qui voyait plus d'avantages que d'inconvénients à intégrer sa vie familiale à ses nombreux défis. La naissance de ses cinq enfants, puis leur éducation, ont eu le monde comme toile de fond puisqu'ils étaient en constants déplacements d'un continent à l'autre. Cette vie familiale a procuré à ses enfants des connaissances, des expériences, une ouverture d'esprit et des souvenirs de jeunesse hors du commun.

Alors que ses frères sont nés en Hollande ainsi que sur le voilier qui leur tenait lieu de maison familiale, Zina, la benjamine, a vu le jour sur la terre ferme à Cannes en France, pied-à-terre de leurs escales entre leurs périples de par le monde. La petite fille a principalement grandi hors des sentiers battus sur le continent africain et s'est installée au Québec une fois adulte.

«Nous étions souvent les premiers Blancs que les Autochtones voyaient et nous étions rapidement le centre d'attraction. Je crois que le fait de se retrouver devant toute une famille permettait à la méfiance de tomber plus rapidement. Ma mère traînait toujours une trousse médicale bien garnie pour les besoins de sa famille, mais elle a rarement servi pour nous. Il était fréquent qu'elle soigne une blessure ou une morsure d'insecte infectée de l'un de nos hôtes. La guérison étant spectaculaire, il y avait des files grandissantes de malades qui se formaient pour recevoir ses soins. Elle faisait ce qu'elle pouvait pour eux et une relation de confiance s'établissait spontanément.»

Quand j'ai fait part à Zina du sujet de mon livre, elle m'a raconté avoir été témoin de mutilations sexuelles alors qu'elle était enfant dans les années 1970. J'ai trouvé son récit intéressant. C'est la perception d'une petite Européenne qui avait le même âge que les jeunes initiées et qui ignorait l'existence de ces pratiques, comme la très grande majorité de ses contemporains. Elle a accepté de raconter son expérience dans ce livre en insistant sur le fait que ses souvenirs sont ceux d'une enfant et qu'ils sont donc fragmentaires.

«Nous séjournions au Kenya. J'avais dix ans. Il était tôt le matin et une équipe de tournage, qui était là en même temps que nous, se préparait pour des prises de vue. Je gravitais autour d'eux, intéressée par tout ce branle-bas. Ces gens parlaient d'une célébration qui se préparait, mais j'ignorais de quoi il s'agissait. Comme il semblait qu'il soit préférable que je n'assiste pas à cette cérémonie, une femme toute fébrile est venue me chercher. Elle m'a prise par la main et nous nous sommes dirigées à l'écart du village. Tout le long du court trajet, elle ricanait nerveusement. Nous sommes arrivées devant une hutte de bouses de vache sans toit qui était remplie de femmes surexcitées alors que d'autres, tout aussi agitées, suivaient les événements de l'extérieur faute de place. C'est alors que j'ai aperçu une petite fille couchée au centre de la hutte sur la terre battue. Croiser son regard terrorisé m'a fait frissonner, malgré la chaleur torride. Soudain, une clameur s'est élevée et la tension a été palpable. Je ne pouvais pas voir ses jambes, mais je voyais que des femmes tout autour d'elle la maintenaient... »

Il y a eu un bref moment d'arrêt, avant que Zina puisse reprendre le cours de son récit.

«Ce cri de douleur, ce hurlement de désespoir et d'impuissance... jamais je ne l'oublierai. Il reste gravé dans ma mémoire. C'était atroce, à vous glacer le sang. On ne pouvait comprendre que je sois aussi bouleversée alors qu'on m'avait fait l'honneur de me convier à cette *fête*. Il s'est alors formé un rideau de femmes en délire entre elle et moi. La petite criait et gémissait toujours. Il me semblait que ça ne finirait jamais et je me sentais mal. Il y avait les cris de l'enfant et ceux des femmes ainsi que beaucoup de mouvements dans la hutte et à l'extérieur. C'était épouvantable. Je savais que la petite fille souffrait atrocement pour crier autant. Je savais aussi, pour l'avoir entendu maintes fois, que ces gens ne disposaient d'aucun matériel antiseptique pour éviter les infections. Je ne comprenais pas pourquoi ces femmes lui faisaient subir ça. C'est alors qu'une vieille dame s'est approchée de moi et m'a examinée attentivement en souriant. J'ai eu très peur qu'elle m'attrape pour me faire subir le même sort. Terrorisée, je suis partie en courant rejoindre mes parents pour qu'ils me protègent. Ils étaient avec les hommes et les garçons sur la petite place centrale du village constituée d'une dizaine de huttes.»

Elle se souvient de s'être demandé pourquoi les hommes restaient là plutôt que de porter secours à la petite fille qu'on entendait crier.

«L'équipe de tournage filmait les hommes qui se tenaient grimaçants, les bras ouverts et les jambes écartées en se tordant comme s'ils étaient en transe. En regardant entre les participants en mouvement, j'ai vu un jeune garçon couché par terre au milieu de ces hommes. Ses yeux ne reflétaient pas la terreur, mais une espèce d'absence indifférente. Un sage plus âgé semblait diriger les opérations. Il a dit quelque chose au plus jeune qui tenait un couteau de poche, du genre opinel. Le petit garçon ne broncha pas quand il vit le couteau s'approcher de son sexe. Il me semblait hébété, comme drogué ou dans le coma. Il n'a pas crié et ça n'avait rien à voir avec le traitement réservé à la petite fille. Il était clair qu'on lui avait donné quelque chose pour qu'il ressente moins la souffrance alors que la petite avait visiblement tout enduré à froid. Je trouvais que c'était profondément injuste. Quand le vieux sage nous a vues, ma mère et moi, il s'est fâché. Il a dit que ce n'était pas la place des femmes et que nous devions partir. Je voyais bien que mes parents étaient sous le choc et très mal à l'aise. Je ne sais pas si leur malaise était attribuable à leur méconnaissance de ces pratiques ou au fait que j'y ai assisté.»

Au bout d'un certain temps, Zina a voulu obtenir des explications claires sur ce qui s'était passé. «J'en avais assez de leurs réponses floues et de leurs tentatives de faire dévier la conversation. Comme pour la plupart des gens de leur époque, la sexualité constituait pour eux un sujet tabou. Je pense qu'ils ne savaient pas ce qui allait arriver et que, s'ils l'avaient su, ils auraient fait en sorte de m'éviter ce spectacle. Leur malaise n'a fait qu'accentuer mon trouble. C'est bien des années plus tard que j'ai compris que l'objectif de l'opération était de priver la femme de jouissance lors de l'acte sexuel. Heureusement que je n'ai pas compris tout de suite, car ça m'aurait encore plus marquée.»

Cet événement constitue l'un des rares épisodes négatifs à faire partie de ses souvenirs. «Mes rapports avec mes frères étaient égalitaires. J'étais bien entourée, mais pas surprotégée parce que j'étais une fille. Nous avons parcouru la Tunisie, l'Algérie et le Maroc sans que je remarque que les filles et les femmes subissaient un traitement particulier. Ces pays avaient longtemps été des colonies européennes et nous sentions l'influence occidentale dans la mode, le rythme de vie, l'architecture, la cuisine, l'organisation sociale et la culture. Les femmes plus âgées portaient le foulard et, plus timides, se cachaient des hommes qui ne leur étaient pas familiers, ce qui n'avait rien à voir avec l'oppression.»

Ces tenues ne différaient pas tellement de ce qu'elle avait pu voir ailleurs. «À la même époque, plusieurs Européennes des pays méditerranéens portaient le fichu et les femmes catholiques devaient se couvrir la tête et les bras pour entrer à l'église, il n'y avait pas de grande différence. J'ai rarement vu des tchadors et des niqabs lors de nos nombreux déplacements. C'était exceptionnel d'en voir, même pour les gens du pays. Les jeunes filles portaient le foulard uniquement le dimanche. Quand les gens décidaient de quitter leur pays, ils délaissaient leurs coutumes pour adopter celles de leurs pays d'adoption. On trouvait que c'était normal pour un émigrant de s'adapter.»

Avoir été témoin de ces mutilations sexuelles ne fait pas partie des beaux souvenirs de Zina, mais il y en a tant d'autres qui compensent.

«Mon père nous a démontré que le monde est beau à cause de sa diversité. Si seulement les humains pouvaient être plus sensibles au respect de l'intégrité de chacun et chacune. Je sais que cette affirmation peut paraître contradictoire étant donné que les mutilations sexuelles font partie des coutumes de certains peuples. Elles sont considérées comme l'épreuve par laquelle un enfant devient adulte. Par contre, quand les coutumes ne respectent pas les valeurs d'équité et de justice, qu'elles sont dangereuses pour la santé et la vie de ceux et celles qui les subissent et qu'elles sont source de souffrances, alors là il faut les remettre en question. Il y a amplement de douleur à soulager, causée par les maladies, les famines et les séismes, sans en ajouter.»

*

Son témoignage m'a confortée dans mes convictions.

Entre 130 et 140 millions de femmes[54] vivent avec ce souvenir obsédant et ses innombrables conséquences. Chaque année, trois millions de fillettes et de jeunes filles vont grossir leurs rangs. Contrairement à ce qui est véhiculé, aucune religion ne prescrit cette pratique, même si on la retrouve chez certains fidèles de la plupart des religions.

Ceux qui font la promotion des mutilations génitales prétendent que c'est la seule façon d'être assuré qu'une jeune fille soit pure et vierge et qu'elle fera une épouse fidèle. Ils disent également que ces mutilations augmentent la fécondité chez la femme alors que c'est tout le contraire. Les infections causées par les mutilations peuvent entraîner la stérilité, rendre l'accouchement plus difficile et causer une souffrance fœtale fatale.

Pour ce qui est des coutumes et des traditions, il ne faut pas tout rejeter en bloc. Certaines sont bénéfiques, comme l'allaitement ou le port du nourrisson sur le dos, d'autres sont par contre très dangereuses. Il est possible d'abandonner de telles pratiques sans renoncer pour autant aux aspects significatifs et aux valeurs de la culture traditionnelle.

Les mutilations sexuelles féminines se classent dans quatre catégories. Il y a l'excision du prépuce avec ou sans excision de la totalité ou d'une partie du clitoris («Sunna»), l'excision du clitoris avec excision partielle ou totale des petites lèvres, l'excision de la totalité ou d'une partie de l'appareil génital externe et suture/rétrécissement de l'ouverture vaginale (infibulation ou «circoncision pharaonique»), ainsi que diverses pratiques moins connues comme le percement, l'étirement et la cautérisation. L'infibulation comprend l'amputation du clitoris et des petites lèvres et la couture des grandes lèvres, ne laissant qu'un petit trou pour le passage de l'urine et du sang menstruel.

Ces mutilations, faites à froid avec une lame de rasoir souvent rouillée et sans aucune précaution sanitaire, provoquent une douleur intense qui peut aller jusqu'à l'état de choc. Les risques immédiats sont majeurs: hémorragie qui peut entraîner la mort, infection des plaies, rétention des urines et lésion des organes voisins. La contamination au VIH est aussi possible à partir de la lame de rasoir et du lieu «d'opération» souillé de sang.

En Afrique, ces mutilations sont pratiquées par des vieilles femmes, des accoucheuses traditionnelles, des barbiers et parfois, de façon sanitaire mais souvent illégale, par des médecins ou des sages-femmes.

Dans certaines provinces du plus grand pays musulman du monde, l'Indonésie[55], la tradition est tellement forte que la quasi-totalité des fillettes sont excisées. L'excision est un honneur pour la femme, synonyme de pureté, et assure d'un contrôle de sa libido, alors que la fille non excisée, qui court après les garçons, est une honte pour sa famille. On estime que 90 % des mères veulent faire exciser leurs filles. Pour répondre à la demande, les sages-femmes font de cinquante à soixante excisions tous les jours dans des cliniques, sans tenir compte des séquelles médicales et psychologiques de cette chirurgie médiévale.

L'excision a été interdite en 2006. L'interdiction a été levée en 2008 et l'opération est redevenue légale. La plupart des politiciens se disent en désaccord avec cette dernière décision, mais ce serait un suicide électoral que de maintenir cette interdiction juste avant les élections. Certains imans prétendent que des textes du Coran valident l'excision alors que d'autres disent qu'il n'en est rien.

Même si on tente de convaincre la fillette que c'est un honneur, qu'on lui offre une jolie robe et la couvre de cadeaux, la douleur est cuisante et le risque d'infection est élevé. Des complications à long terme peuvent aussi survenir: infections urinaires et génitales, calculs urinaires, neurinomes, difficulté à uriner, douleurs pendant les règles, incontinence, douleur de la cicatrice, kyste, abcès, stérilité, en plus de problèmes liés à la grossesse et à l'accouchement: travail bloqué, déchirures, fistules et mortalité.

Il y a également les traumatismes psychologiques dont on tient rarement compte: la peur, l'anxiété, l'angoisse, la dépression et les rapports sexuels douloureux qui entraînent des troubles de la sexualité et des insatisfactions pour les deux partenaires. Ces conséquences peuvent marquer la femme à vie et se manifester par des troubles de comportement, incapacité à faire confiance à qui que ce soit, anxiété, angoisses, *flash-back* récurrents et tendance à la dépression.

Différentes ethnies de 28 pays africains pratiquent ces mutilations. Dans certains de ces pays, la proportion des femmes mutilées dépasse 80%. C'est également une pratique courante pour quelques groupes ethniques dans la péninsule arabique: Yémen, Émirat Arabes Unis, Sultanat d'Oman... ainsi que, dans une moindre mesure, au Moyen-Orient: Irak et Israël; en Asie: Indonésie, Inde, Malaisie; et en Amérique Latine: Colombie et Pérou.

Plusieurs fillettes et jeunes filles nées ou vivant en Europe, aux États-Unis, au Canada, en Australie et en Nouvelle-Zélande, qui retournent dans leur pays d'origine pour des vacances, reviennent mutilées ou subissent ces mutilations clandestinement dans leur pays d'accueil.

L'âge où sont pratiquées ces mutilations varie selon les cultures: à partir de quelques jours pour certaines ou juste avant le mariage pour d'autres, mais c'est généralement entre 4 et 14 ans. On remarque cependant une tendance à la baisse en ce qui a trait à l'âge où les petites filles subissent cette ablation. De plus, ces pratiques sont souvent liées aux mariages forcés.

LES MESURES POUR
CHANGER LA SITUATION

Les perceptions évoluent lentement. Dans une même famille, il peut y avoir des hommes et des femmes en faveur, et d'autres contre. Il faut alors être vigilant et assurer une surveillance constante pour ne pas que la tante, la grand-mère ou un autre membre de la famille enlève l'enfant ou l'adolescente et lui fasse subir cette intervention, sans tenir compte de sa volonté et de celle de ses parents.

De nombreux pays européens et africains punissent les mutilations sexuelles de leurs ressortissants, qu'elles soient faites en Europe ou ailleurs dans le monde. En Belgique, la loi condamne et sanctionne toutes les pratiques et tentatives de mutilations sexuelles par des peines d'emprisonnement. Le secret professionnel est levé pour assurer la protection des petites filles. Le délit de non-assistance à une personne en danger s'applique à toute personne, professionnel ou simple citoyen. Celui ou celle qui ne signale pas le danger qu'encourt une fillette menacée de mutilation sexuelle, qu'elle soit prévue en Belgique ou à l'étranger, est passible de sanctions. Le délai de prescription de 10 ans ne commence à courir qu'à partir du jour où la victime a atteint l'âge de 18 ans. Toute personne qui a participé à la mutilation, en Belgique ou dans tout autre pays, peut être poursuivie en Belgique.

De nombreux pays d'Europe et d'Afrique ont ratifié des conventions internationales sur les droits des enfants, des femmes et des hommes à l'intégrité physique et morale de leur personne en s'engageant à abolir les pratiques traditionnelles préjudiciables à leur santé. La théorie est là, mais la pratique laisse à désirer. Tout commence par des cris et ne doit jamais finir dans un grand silence.

UNE ENTREVUE AVEC MADAME KHADIDIATOU DIALLO

Madame Diallo est présidente du GAMS Belgique (Groupe pour l'abolition des mutilations sexuelles), section belge du CIAF (Comité Inter Africain).

Bon an mal an, elle reçoit une cinquantaine de mères qui demandent l'asile politique pour protéger leurs filles des mutilations sexuelles. Elle travaille également à la protection des filles qui vont en vacances dans leurs pays d'origine.

«Les mères nous préviennent de la destination, de la date, de l'heure et du numéro du vol lors de leur départ avec leur fille. On les met en garde de ne jamais laisser l'enfant seule, ou avec qui que ce soit, car il suffit d'une heure pour amener la petite fille et la faire exciser. Avant le départ, on fait faire un examen médical à la petite fille afin de déterminer qu'elle n'est pas excisée. Le pays d'origine est prévenu de son arrivée et une personne vient la chercher et l'accompagne là où elle va en vacances. Cette personne informe les gens de l'entourage qu'ils seront poursuivis s'ils ne respectent pas la loi qui punit les complices de mutilation sexuelle. La mutilation peut se faire à tout âge, même à 20 ans.»

GAMS existe depuis 1996, mais cette loi est appliquée depuis 2001. La fondation de l'organisme compte 30 membres ainsi que 15 travailleurs et 60 bailleurs de fonds. La reconnaissance de l'organisme n'est pas encore acquise, car il n'entre dans aucun créneau autre que l'aide médicale et psychologique.

«L'un des rôles de GAMS est d'informer les femmes qu'elles ont des droits. Elles doivent apprendre à négocier plutôt que de tout accepter sans réagir.»

J'ai demandé à madame Diallo de me raconter l'histoire de l'une des personnes qu'elle a aidées, voici sa réponse. «En 1998, nous avons fait hospitaliser une Somalienne de 25 ans qui souffrait beaucoup à la suite de son excision. On l'a fait opérer et la guérison allait bien. Son frère est venu la chercher et l'a fait recoudre en Hollande. Nous n'avons jamais eu de ses nouvelles. Dans trois pays sur quatre qui pratiquent les mutilations sexuelles, on coupe le clitoris et coud l'ouverture du vagin des bébés filles âgées de sept jours. Quand elles accouchent, ça se déchire dans tous les sens. On parle du haut taux de mortalité des femmes en couche, mais on ne dit pas pourquoi ces femmes meurent.»

«Pour la plupart des hommes, la femme n'est qu'un trou, qu'importent les conséquences de ce qu'on leur fait subir. J'ai connu des femmes qui devaient appuyer sur leur ventre et le masser pendant 20 minutes pour arriver à uriner. On en aide aussi à récupérer leurs enfants restés au pays, dont les petites filles pour leur éviter l'excision.»

Elle estime qu'environ 90 % des femmes n'arrivent pas à reprendre leur vie en main et restent prisonnières des coutumes et sous le contrôle des hommes de leur famille.

«Nous avons parfois l'impression que c'est un combat inutile et que nous ne sommes pas capables d'arrêter tout ça. Une femme non excisée est considérée comme sale et c'est souvent sa propre perception. Il ne faut pas perdre espoir et continuer. On raconte aux femmes que c'est un précepte religieux pour les convaincre, mais ce n'est écrit nulle part dans le Coran. Ce n'est pas uniquement le combat des Africaines, mais celui de toutes les femmes qui veulent reprendre le contrôle de leur vie.»

*

Lors d'un voyage en Belgique, j'ai rencontré Arisa, une Guinéenne qui a accepté de m'accorder une entrevue.

L'AFFAIRE ARISA, BELGE D'ORIGINE GUINÉENNE

Jolie, féminine, décontractée, sûre d'elle, mère de deux filles et musulmane pratiquante, Arisa vit en Belgique depuis deux ans où elle a été accueillie en tant que réfugiée.

«Je n'avais jamais pensé quitter mon pays avant de prendre conscience que mes filles couraient le danger d'être excisées. J'ai été excisée et je me bats pour que ça cesse. J'ai même été excisée deux fois, car, lors de la première intervention à 14 ans, elles n'ont pas enlevé tout le clitoris et les petites lèvres. J'ai été trois jours sans être capable d'uriner. On a dû me mettre une sonde. Je voulais mourir tellement la douleur était intense. J'étais par terre et des femmes étaient à genoux sur moi. Quatre femmes m'ont tenu les pieds, trois les bras et une le torse. J'ai tout enduré à froid. J'ai été déçue d'avoir deux filles en pensant qu'elles auraient à vivre ça. C'est alors que j'ai décidé que je ferais l'impossible pour que ça ne leur arrive pas. Une fois excisée, tu as perdu ton intégrité à jamais, même si tu as la chance d'avoir une chirurgie de reconstruction.»

Le soutien de sa famille a été mitigé. «J'ai été violée à six ans par un cousin. Mon père a pris un fusil et essayé de le retrouver, mais ce cousin n'est jamais revenu. Ma mère est morte l'année suivante. Ma sœur a été excisée par la deuxième femme de mon père qu'on appelait la marâtre. Elle a fait une hémorragie et a failli mourir à 16 ans.»

Arisa s'est mariée à 30 ans, ce qui est âgé en Guinée. «J'ai refusé plusieurs propositions de mariage, car je me suis occupée de mes frères et je voulais étudier à l'université.»

Une fois en Belgique, elle s'est ouverte à tout ce que la vie peut offrir. «J'ai alors compris que l'excision laisse une plaie dont on ne guérit jamais. On est dans l'obscurité pour y rester. Pour sortir mon corps de la mort, je regardais des films pornos et lisais des livres érotiques pour m'exciter afin d'avoir du plaisir dans les rapports sexuels. J'ai découvert que mon corps peut connaître un certain plaisir si le partenaire fait durer les préliminaires, mais l'homme ne pense souvent qu'à son propre plaisir. Tout est en fonction de la satisfaction immédiate de l'homme. La femme n'a pas le droit de porter un sous-vêtement pour dormir, à moins d'avoir ses règles, afin d'éviter les délais dès que ça lui tente. Il faut refuser d'être soumises aux hommes et exprimer nos besoins.

Quand je vais au pays, sous aucun prétexte, je ne dois jamais perdre mes filles de vue. J'ai lutté, j'ai été frappée et j'ai été en conflit avec ma belle-famille. Je ne pouvais faire confiance à personne. Plus question de sieste, je devais surveiller constamment pour protéger mes enfants. J'ai toute la famille contre moi quand je dis que je veux que l'excision cesse.»

En 1998, alors qu'elle était en voyage en Guinée, son bébé est tombé malade et a été hospitalisé. «J'ai vu une fille de 12 ans qui a été excisée malgré le fait qu'on savait qu'elle souffrait d'une maladie qui fait en sorte que son sang ne coagule pas. Elle a été volée par un membre de la famille qui l'a emmenée pour la faire exciser. Elle s'est vidée de son sang, et malgré le fait qu'on l'ait amenée à l'hôpital, elle est morte…»

Visiblement chavirée par ce souvenir, elle a néanmoins continué l'entrevue.

«… Jamais le Coran n'a demandé que les filles soient excisées. Il ne faut pas arrêter de se battre malgré la peur. On est élevées avec la conviction qu'il faut respecter l'homme qui représente la sécurité. C'est comme ça pour nos pères, nos oncles, nos frères, nos cousins, nos voisins… Ça fait partie de notre éducation de nous soumettre aux hommes et de nous sentir inférieures à eux. Quand on est petites, on ne doit pas jouer avec les garçons. On grandit en pensant que c'est normal.»

Elle poursuit en expliquant qu'on leur impose un homme alors qu'elles sont jeunes et naïves. «On arrive dans une maison nouvelle avec un inconnu sans aucune notion de ce qui nous attend. Tu es vierge et déflorée sans délicatesse par un homme qui ne pense qu'à te monter dessus pour te dominer. La première émotion qu'il te fait ressentir est la peur. La première image que tu as de lui en est une de domination. Il n'est surtout pas question de plaisir. Peu à peu, la haine prend toute la place. On ne fait jamais l'amour, on est violée. On arrive dans le lit d'un homme mûr alors qu'on a entre 12 et 16 ans avec une ignorance totale de la sexualité. On n'a jamais vu un homme nu et on en voit un en érection qui nous transperce sans ménagement. C'est plutôt difficile à gérer!»

Elle ajoute tout bas: «Si tu te débats, on fait venir des renforts qui t'immobilisent les jambes écartées pour que tu sois bien pénétrée, car c'est important de sortir le drap souillé de sang virginal. Il a payé pour t'avoir et il en veut pour son argent. Même des années après le mariage, si une femme pleure ou crie dans sa maison parce qu'elle est violée par son mari, on va la juger comme une mauvaise épouse qui refuse de faire son devoir conjugal. Il n'est tout simplement pas envisageable que l'homme doive susciter le désir d'une femme. Si elle se refuse, le mari la punit en refusant de lui donner l'argent pour faire les courses.»

La femme qui n'est pas vue au marché est perçue comme une mauvaise épouse par tout le monde. «S'il te frappe, c'est que tu l'as cherché. Une femme, c'est une esclave et on ne négocie pas avec une esclave. Le plus difficile, c'est de ne pouvoir compter sur personne, car il n'y a aucune solidarité entre femmes. Les bonnes épouses sont celles qui font abstraction d'elles-mêmes. Elles ne récupèrent même pas leur liberté si leur mari meurt, car elles doivent épouser leur plus jeune beau-frère, que ça leur plaise ou pas. Si une femme est battue par son mari, la police va intervenir uniquement si sa famille va porter plainte avec elle.»

Ces façons de faire les ont suivies jusque dans leur pays d'accueil. Si le mari bat sa femme en Belgique et qu'elle porte plainte, elle est rejetée par sa belle-famille et par toute la communauté. «La femme considère que, sans son mari, elle ne serait pas en Belgique, alors elle se sent redevable et se dit qu'elle doit tout accepter en contrepartie. Il faut arrêter de penser qu'on lui doit tout et qu'il a tous les droits.»

C'est difficile pour les Africaines de s'en sortir en Belgique, car plusieurs sont analphabètes, ne connaissent pas toujours la langue, ne savent pas où s'adresser pour avoir de l'aide et sont trop dociles face aux préceptes religieux. «Il faudrait les convaincre qu'elles peuvent réclamer leurs droits sans être rejetées par tous. J'aimerais que l'excision cesse, qu'on arrête de charcuter les enfants comme à la boucherie. Toutes les femmes en Belgique doivent savoir qu'elles ont des droits et méritent le respect. Les hommes doivent reconnaître que s'ils sont en vie, c'est grâce à une femme. Les femmes sont dignes de considération et devraient être choyées. Je parle de sexualité avec mes filles et je veux qu'elles intègrent la culture belge. Commencer à avoir des rapports sexuels à 14 ans, c'est trop jeune. Les filles devraient attendre d'avoir 18 à 20 ans, qu'elles soient mariées ou non, car c'est important qu'elles sachent ce qu'elles font.»

LA SITUATION AU CANADA ET AU QUÉBEC

Vous croyez que ces mutilations n'existent pas au Québec? Détrompez-vous. Les mutilations génitales féminines sont devenues un nouveau problème de santé au Canada et au Québec en 1995, selon le Conseil du statut de la femme du Québec[56], rapportait en 2006 la sociologue Aoua Bocar Ly-Tall[57] dans un article publié dans *Le Devoir*, à l'occasion de la journée mondiale des Nations unies contre les mutilations sexuelles.

Selon l'Organisation mondiale de la Santé, au moins 5% des femmes victimes de mutilations génitales, soit plus de 6 500 000, vivent en Occident, notamment en Amérique du Nord[58]. Plusieurs femmes originaires de pays «excisants» ont subi l'opération avant leur arrivée et leur nombre ne cesse de croître avec la diversité culturelle de l'immigration. Or, nous

sommes peu préparés à ce genre de situation, autant technique-
ment que psychologiquement, alors que l'Europe fait face à
cet état de fait depuis au moins une trentaine d'années.

En 1993, on comptait au Québec 42 179 immigrants francophones d'origine africaine dont la moitié était composée de
femmes[59]. La majorité d'entre elles sont en âge de procréer et
auront des filles que certaines voudront faire exciser. Ces
femmes, qui possèdent souvent un niveau d'éducation faible,
ont généralement tendance à reproduire ces pratiques traditionnelles.

Marian Shermarke et Marie-Claude Manga, membres fon-
datrices du Réseau *Femmes africaines, Horizon 2015*, ont
effectué une consultation pour le gouvernement fédéral auprès
des immigrantes et immigrants du Québec originaires des pays
où l'excision se pratique. Ces derniers ont déclaré que les
aînées du pays d'origine leur font des pressions pour que leurs
filles soient excisées. De plus, plusieurs affirment que ces
mutilations sont pratiquées au Québec dans la clandestinité. Le
fait qu'elles soient illégales fait en sorte qu'il est très difficile
d'obtenir des chiffres sur leur fréquence. De plus, quand
«l'opération» est subie à un très jeune âge, il est ardu de
savoir, même pour la victime, où, quand, comment et qui l'a
pratiquée.

La situation est suffisamment préoccupante pour que, en
décembre 1994, la Commission des droits de la personne du
Québec publie un document déclarant que la mutilation géni-
tale féminine est une pratique qui enfreint le droit des femmes
à l'intégrité de leur personne, à l'égalité et à la non-discrimina-
tion. La Charte des droits et libertés de la personne du Québec
prévoit l'obligation de respecter les droits d'autrui «en confé-
rant à la victime d'une atteinte illicite à [ces] droit[s] la possibilité d'obtenir la cessation de cette atteinte et la réparation du

préjudice moral ou matériel qui en résulte»[60]. Toute personne qui soupçonne qu'une fillette risque de subir cette pratique est en droit de procéder à un signalement à la Direction de la protection de la jeunesse. La Loi sur la protection de la jeunesse permet que l'enfant soit retirée de sa famille dans une perspective de prévention contre un acte de violence potentiel[61].

En 1997, une loi a été adoptée pour criminaliser les mutilations génitales féminines[62] ainsi que le fait de faire subir ce type de mutilation à une mineure à l'étranger[63], même s'il n'y a eu aucune condamnation au Québec pour ce type d'actes.

Selon le rapport Bouchard-Taylor, on ne possède aucune preuve que des mutilations génitales soient pratiquées au Québec. Le rapport précise que ces mutilations sont d'origine culturelle et non religieuse; qu'elles ne sont pas en usage dans tous les pays musulmans et qu'elles sont courantes dans des populations autres que musulmanes.

Cependant, le *Journal du Barreau* du Québec de juillet 2006 rapporte que des groupes de femmes et des intervenants de la santé estiment que plusieurs immigrants font exciser leurs fillettes soit au Canada, soit en retournant temporairement dans leur pays d'origine. Selon le Centre de recherche et de formation CLSC Côte-des-Neiges de Montréal, de plus en plus de fillettes vivant des problèmes de santé reliés à ces pratiques se présentent aux services de santé canadiens. Aucune statistique n'est cependant disponible[64].

Les filles et femmes immigrantes québécoises qui ont déjà subi ces pratiques doivent recevoir les soins et le soutien appropriés à leur situation lorsqu'elles consultent le personnel du réseau de la santé et des services sociaux. Le ministère de la Santé et des Services sociaux a d'ailleurs produit un dépliant afin de sensibiliser son personnel à cette réalité.

La jurisprudence a reconnu les mutilations génitales comme cause de persécution permettant de revendiquer le statut de réfugié. Ainsi, une famille dont la fille est menacée d'excision peut être acceptée comme réfugiée pour cette raison.

En Ontario, province canadienne où résident plusieurs des immigrantes venues de pays dont la majorité pratique la forme extrême de l'excision[65], à savoir l'infibulation, la situation est semblable ou pire qu'au Québec. Certaines cliniques médicales ontariennes acceptent de procéder illégalement à l'excision/infibulation si on y met le prix. Ces communautés auraient même leurs propres exciseuses traditionnelles[66] [67]. En 2000, un cas d'excision a été officiellement signalé dans cette province[68]. On peut présumer que des situations similaires existent dans les autres provinces canadiennes.

L'Assemblée générale de l'ONU a adopté, le 26 novembre 2012, sa première résolution dénonçant les mutilations génitales féminines qui affectent quelque 140 millions de femmes dans le monde. Ces pratiques sont illégales dans une vingtaine de pays africains, en Europe, aux États-Unis et au Canada, mais elles n'avaient jamais fait l'objet d'une condamnation à un tel niveau dans les instances de l'ONU. Plus de 110 pays, dont une cinquantaine de l'Afrique, ont soutenu conjointement ce texte qui demande aux États membres de «compléter les mesures punitives par des activités d'éducation et d'information».

Si plusieurs des femmes qui ont subi ces mutilations l'acceptent comme faisant partie de leurs coutumes et culture, d'autres sont prêtes à souffrir de nouveau pour retrouver leur intégrité physique.

LES CHIRURGIES RÉPARATRICES

Le docteur Pierre Foldes, un médecin français, est célèbre pour avoir été l'inventeur, avec l'urologue Jean-Antoine Robein, d'une méthode chirurgicale permettant de réparer les dommages causés par l'excision[69].

Ce qui suit est extrait d'une entrevue qu'il a donnée sur *Doctissimo.ca*[70]. Il s'est intéressé à ce problème à la suite de sa participation à une mission humanitaire de l'Organisation mondiale de la Santé au Burkina Faso. Une grande partie de son travail était de soigner les nombreuses complications des excisions, dont l'incontinence, les douleurs aux cicatrices et les complications obstétricales graves.

Entre 1994 et 2012, il a effectué 3 500 reconstructions. L'opération, qui permet de réparer l'excision et les lésions associées, consiste à retirer la cicatrice, à aller chercher la partie interne du clitoris, à le repositionner en libérant les ligaments qui le retiennent et à le réinnerver, une opération de 45 minutes à une heure. Cette opération est remboursée en France depuis 2004. Le Dr Foldes estime que, seulement en France, au moins 30 000 jeunes filles sont menacées d'excision.

Ce médecin humaniste, qui opère gratuitement, a reçu des menaces qu'il a préféré ignorer pour se consacrer pleinement à soigner ces femmes qui souffrent dans leur chair et leur identité féminine, ce qui peut expliquer que peu de ses confrères soient disposés à l'imiter. Il a cependant formé des confrères africains qui exercent au Sénégal et en Égypte, ainsi qu'au Burkina Faso où l'opération est proposée depuis 2006.

Ces reconstructions sont maintenant possibles presque partout dans le monde, notamment au Québec.

6.

LES CRIMES D'HONNEUR

Nous allons maintenant aborder une problématique qui a causé toute une onde de choc au Québec. On croit que c'est impossible ou que ça n'arrive qu'ailleurs… jusqu'à ce que ça se produise chez nous.

L'ONG *Human Rights Watch* donne la définition suivante pour les crimes d'honneur: «Les crimes d'honneur sont des actes de violence, le plus souvent des meurtres, commis par les membres masculins d'une famille à l'encontre de ses membres féminins, lorsqu'ils sont perçus comme cause de déshonneur pour la famille tout entière. Une femme peut être la cible d'individus au sein de sa propre famille pour des motifs divers, comprenant: le refus de participer à un mariage arrangé, le refus des faveurs sexuelles, la tentative de divorce, que ce soit dans le cadre de la violence conjugale exercée par son mari ou dans un contexte avéré d'adultère. La simple interprétation selon laquelle son comportement a *déshonoré* sa famille est suffisante pour enclencher des représailles.»

Même si on tente de les empêcher, ces crimes ont cours en Turquie, au Pakistan, en Égypte, en Irak, en Afghanistan, en Jordanie, au Brésil, en Équateur, au Bangladesh, en Inde, en Iran, au Maroc et dans plusieurs autres pays. Chaque année, il y a au moins 5 000 cas reconnus dans le monde, d'après les estimations policières et l'étude de coupures de presse[71]. La fondation Surgir, en Suisse, stipule que 91 % des crimes d'honneur reconnus sont commis par des musulmans. Fabienne Bugnon, qui était directrice de l'Office des droits humains de Genève, affirmait que «ce n'est que la pointe de l'iceberg. Il faut y ajouter tous ceux commis dans le silence[72]».

La vendetta[73], vengeance par la justice privée, fait également partie de la culture de certains groupes ethniques qui se situent dans les Balkans, notamment les régions peuplées d'albanophones (Albanie, Kosovo, Macédoine, Monténégro ainsi que la Grèce, particulièrement le Magne), au sud de l'Italie et dans les îles de la Méditerranée: Corse, Sardaigne et Sicile.

Avec les mouvements de population, on constate que ces mentalités font partie des bagages de certains ressortissants, et que ces crimes sont en hausse dans les pays occidentaux tels que la France, l'Angleterre, les États-Unis et le Canada. Quatre histoires horribles ont d'ailleurs fait les manchettes en 2008 et 2009, trois aux États-Unis et une au Québec. Cette dernière, la plus meurtrière, a fait quatre victimes.

Noor Faleh Almaleki[74] était une jeune femme trop occidentalisée au goût de son père, un immigrant irakien arrivé aux USA dans les années 1990. Il condamnait les manières de sa fille, sa vie amoureuse, ses choix de vie, ses vêtements et même sa coupe de cheveux. Ce musulman traditionaliste, qui considérait que sa fille lui faisait perdre la face, est allé l'attendre dans le stationnement d'un bureau de Peoria, en Arizona.

En la voyant, il a foncé sur elle au volant de sa Jeep Cherokee. Noor, âgée de 20 ans, est morte des suites de ses blessures après deux semaines dans le coma. Alors que sa fille gisait dans une mare de sang, il s'est enfui au Mexique d'où il s'est envolé pour Londres. Refoulé dès son arrivée parce qu'il n'avait que 400$ en poche et que son contact était au chômage, il est cueilli par les US Marshalls dès son retour en sol américain.

Il est identifié par Amal Edan Khalaf, la mère du petit ami de Noor, qui a été blessée dans cette même tragédie. Les deux femmes et le jeune homme vivaient ensemble depuis le retour de Noor du Moyen-Orient, où son père l'avait envoyée se marier contre son gré[75].

Peter-Ali, le frère de Noor, a déclaré que son père et sa sœur se disputaient sans cesse depuis le retour de cette dernière, deux années auparavant, et qu'elle lui manquait constamment de respect.

Cette tragédie insensée n'est pas la première à se produire aux États-Unis. En janvier 2008, Yaser Abdel Said[76], un Égyptien habitant au Texas, a assassiné ses deux filles de 17 et 18 ans dans son taxi avant de prendre la fuite. Il n'a jamais été appréhendé. Les deux filles étaient elles aussi accusées d'être «trop modernes» en fréquentant des garçons. En juillet de la même année, Sandeela Kanwal[77], 25 ans, est étranglée par son père, Chaudhry Rashid, un Pakistanais, après avoir demandé le divorce d'un cousin que sa famille l'avait forcée à épouser.

Contrairement à ce qu'on pourrait croire, l'affaire Shafia n'est pas le premier crime d'honneur répertorié au Canada. En fait, on en dénombre officiellement 17[78]. Il y en a eu 3, entre 1954 et 1983, et 14, de 1984 à 2009. Les coupables de crimes d'honneur au Canada provenaient d'Afghanistan, du Pakistan, du Sri Lanka, des Émirats Arabes Unis, de l'Inde, du Vietnam et de l'Italie.

Ces crimes sont odieux partout, mais que dire quand les victimes sont intégrées à leur culture d'adoption et qu'on veut leur faire assumer des coutumes archaïques avec lesquelles elles n'ont plus d'affinités?

L'école est non seulement un lieu d'apprentissage acadé-mique, mais également un lieu d'intégration, surtout pour les communautés plus hermétiques. Presque toutes les filles gran-dissent en rêvant des mêmes chanteurs populaires ou acteurs en vogue et soupirent en prenant connaissance des belles his-toires d'amour qu'elles rêvent évidemment de vivre un jour.

Que se passe-t-il quand ces petites Françaises, Canadien-nes, Australiennes, Anglaises et Américaines se voient nier leurs aspirations et obligées de se plier à des coutumes qui n'ont jamais été les leurs?

L'AFFAIRE SHAFIA

En 2009, la désormais célèbre «affaire Shafia[79]» où un père, avec la complicité de sa deuxième femme et de son fils aîné, a tué trois de ses filles et sa première femme, qu'il avait identi-fiée comme étant une cousine à l'immigration afin de dissimu-ler sa bigamie, a causé une onde de choc considérable dans la population.

Les filles ont été condamnées à mourir par leur père parce qu'elles étaient coupables de revendiquer une plus grande liberté, semblable à celle des jeunes Québécoises. L'aînée avait un petit copain d'origine pakistanaise et celui de sa sœur cadette était chrétien, ce qui déplaisait souverainement aux parents. La mère a accepté de sacrifier ses filles à la condition de faire subir le même sort à la première épouse.

Jamais, au Québec, un crime de cette nature, qui a fait autant de victimes, ne s'était produit et la couverture média-tique a pris une ampleur considérable. L'existence même des crimes d'honneur était étrangère à la très grande majorité des Québécois.

La population du Québec et du Canada a été estomaquée de voir, lors de leur procès, que les Shafia étaient persuadés d'être dans leur droit et de s'en sortir sans conséquences. On s'est alors posé de sérieuses questions sur l'intégration, l'information dispensée aux postulants à l'immigration sur les lois, la laïcité, les droits des femmes et des enfants, et on s'est demandé si les ressources d'aide étaient adéquates, accessibles rapidement et suffisamment connues.

Lors de mes conférences, les questions sur ce drame ont été nombreuses, étant donné mes origines et du fait que ce type de situations est plus ancien, plus fréquent et mieux documenté dans mon pays d'origine et en Allemagne, où j'ai vécu plusieurs années avant de m'installer au Québec.

Avant cette affaire, ces crimes étaient assimilés à de la violence conjugale ou parentale ou à de la maltraitance, comme il y en a malheureusement partout. Les organismes d'aide ont dû former leur personnel à cette nouvelle réalité, du moins en sol québécois.

Dans les jours qui ont suivi le verdict, la Direction de la protection de la jeunesse (DPJ) a admis qu'il y avait un dossier sur les Shafia, dossier qui a été fermé deux mois avant les meurtres. La notion de crime d'honneur ne faisait alors pas partie d'une réalité envisagée dans leurs interventions. *L'affaire Shafia* a suscité une prise de conscience et les autorités ont pris des mesures afin qu'une situation aussi horrible ne se reproduise plus jamais.

7.

LES ENFANTS SOLDATS

Une autre tragédie, qui n'a pas eu lieu en sol canadien, a été mise en lumière par un Québécois, haut gradé des forces armées canadiennes devenu sénateur: le général Roméo A. Dallaire[80].

Imaginez la scène. Des rebelles arrivent dans un village et rassemblent tous ceux qui n'ont pu s'enfuir. Il n'y a plus d'hommes, car ils ont été enrôlés de force dans un camp ou dans l'autre. On assassine les vieillards et les bébés. On viole les femmes, puis on met une arme dans les mains de l'un de leurs enfants, qui n'a souvent pas plus de sept ou huit ans. Le petit a le choix entre deux possibilités: tuer sa mère ou être tué. Les rebelles jugent que ceux qui s'exécutent ont assez de cran pour être intégrés aux combattants. On estime qu'ils sont 300 000 dans le monde, plus particulièrement en Afrique.

Ces «recrues» sont séquestrées, torturées, menacées, endoctrinées, asservies, affamées, droguées et privées de sommeil. On les force à porter armes et cadavres; on les place souvent en équipe de deux et on les tue si leur partenaire s'enfuit; on s'en sert comme appâts dans les attaques suicides afin de situer et évaluer les actifs de l'ennemi; on les fait s'insinuer dans le camp adverse, vêtus d'une bombe amorcée à distance et on les lance à l'assaut dans la première ligne de combat afin de préserver les combattants d'expérience.

Les filles, qui représentent 40% des enfants-soldats, en plus de servir de chair à canon, cuisinent, soignent les blessés et, dans les moments d'accalmie, servent d'esclaves sexuelles pour maintenir le moral des troupes. Il s'ensuit, évidemment, de multiples grossesses qui se poursuivent dans des conditions pitoyables, augmentant le taux déjà effarant de mortalité de ces enfants.

Par miracle, certains jeunes survivent. Ils sont alors considérés comme des criminels. Ils sont pourchassés, souvent la cible de vengeance. Parfois, ils ont envie de tenter leur chance à l'étranger pour se refaire une vie. Dans plusieurs pays, s'ils disent la vérité, leur demande d'asile sera refusée en tant que criminels de guerre. S'ils réussissent à tromper l'immigration et sont acceptés, ils risquent d'être reconnus, dénoncés et déportés.

Le général Dallaire, commandant de la Mission des Nations Unies pour l'assistance au Rwanda (MINUAR), la force de maintien de la paix des Nations unies au Rwanda pendant le Génocide en 1994, a tenté d'attirer l'attention de la communauté internationale sur le génocide, y compris le sort des enfants soldats. À son plus grand désarroi, ses tentatives sont restées lettre morte.

À son retour d'Afrique, il a dénoncé cette indifférence en publiant un livre sur la non-ingérence qu'on lui avait imposée alors que les carnages se multipliaient autour de lui. Il en a été fortement éprouvé au point de tenter de mettre fin à ses jours. Il fait partie des nombreux militaires, pourtant aguerris, à avoir souffert du syndrome post-traumatique après une mission dite de paix.

L'utilisation d'enfants soldats est une horrible réalité contemporaine et les multiples tentatives d'y mettre fin échouent les unes après les autres. De nombreux groupes travaillent à la démobilisation, à la réintégration et à la rééducation de ces enfants. Au *Carr Center For Human Rights Policy* de l'Université Harvard, les recherches qui permettraient de mieux comprendre les modes et les motivations stratégiques de l'utilisation des enfants soldats sont rares, voire inexistantes. On sait cependant que les enfants soldats sont les armes exigeant le moins de technologie sur le champ de bataille, tout en étant d'une redoutable efficacité. L'enfant soldat est rentable, docile, économique, disponible et facilement remplaçable.

«L'enfant soldat est le système d'armes le plus complet de tout l'arsenal des machines de guerre», a écrit l'ancien général québécois. Dans son livre, il décrit sa stupeur face au chef âgé de 15 ans d'un groupe de rebelles. Il fait le constat que ces enfants, devenus insensibles et fous par l'horreur, le haschisch et la cocaïne, sont lourdement armés, machettes et mitrailleuses AK-47, et ne répondent à aucune logique militaire. Un de ces enfants a pointé son AK-47 sur le général et celui-ci doit la vie à une tablette de chocolat. «Je pouvais voir dans ses yeux la colère, l'horreur, la peur… et l'excitation. Ils se battent comme des soldats, mais meurent comme des enfants.»

En mars 2013, les médias font état que des conseils scolaires canadiens accueillent d'anciens enfants soldats dans leurs établissements. Il s'agit d'enfants qui ont participé à des guerres civiles dans certains pays d'Afrique: Ouganda, Soudan, Sierra Leone et Congo. On en dissimule cependant le nombre pour des raisons de confidentialité.

Le général Dallaire, devenu sénateur, a créé la fondation «L'Initiative Enfants soldats» pour leur venir en aide. L'organisme vise à éradiquer l'utilisation des enfants à des fins guerrières partout dans le monde. Il est également en croisade pour convaincre le gouvernement canadien d'être plus clément à leur endroit et compte présenter une loi au Sénat afin d'améliorer le sort de ces anciens enfants soldats admis au Canada.

Il soulève le traitement réservé au seul enfant soldat canadien, qui était âgé de 15 ans lorsqu'il a tué un soldat américain. Omar Khadr a été détenu à la base militaire américaine de Guantanamo à Cuba de 2002 à 2012, puis à Edmonton en Alberta. Il est éligible à une libération conditionnelle à partir de juillet 2013. On peut cependant se questionner sur les chances de réhabilitation d'un adolescent qui est devenu adulte auprès des pires terroristes de la planète.

«Est-ce qu'il se peut que les enfants des autres soient moins humains que les nôtres? Parce qu'il a fait partie d'un groupe terroriste, parce qu'on a des soldats canadiens en Afghanistan, parce qu'on n'aime pas la famille Khadr qui est protalibans, le jeune est donc coupable», se questionne le sénateur Dallaire.

En plus des 300 000 enfants soldats, six millions d'enfants ont été grièvement blessés ou handicapés de façon permanente et environ 20 millions sont réfugiés dans des pays voisins ou sont déplacés à l'intérieur de leur pays à la suite d'un conflit ou de violations des droits de la personne[81].

Ces enfants sont les adultes de demain. Quel genre de citoyens, de conjoints, de parents et de travailleurs feront-ils alors qu'on les a armés pour semer la mort plutôt que de les outiller pour respecter la vie? Tout ça parce qu'on tente d'accoler deux mots à des réalités incompatibles: enfant et soldat.

Après cette réflexion, laissons-nous rêver sur les paroles de la chanson de Raymond Lévesque, auteur québécois: *Quand les hommes vivront d'amour*[82].

«Quand les hommes vivront d'amour
Ce sera la paix sur la Terre
Les soldats seront troubadours…

Nous qui aurons aux mauvais jours,
Dans la haine et puis dans la guerre,
Cherché la paix, cherché l'amour…

Dans la grande chaîne de la vie
Pour qu'il y ait un meilleur temps
Il faut toujours quelques perdants
De la sagesse ici bas c'est le prix…»

8.

LES ENLÈVEMENTS INTERNATIONAUX D'ENFANTS

Nous arrivons maintenant à un chapitre qui traite d'une tragédie qui me tient particulièrement à cœur. Cette situation concerne la période la plus sombre, la plus douloureuse de ma vie. Un honteux gaspillage que je ne peux récupérer d'aucune façon, quoi que je fasse.

De cette expérience, je ne peux tirer ni leçon ni bienfait. Cette douleur intégrale, aveugle et omniprésente, s'est atténuée à partir du moment où j'ai pu enfin serrer mon fils dans mes bras, mais elle n'a jamais totalement disparu malgré tous mes efforts.

Personne ne peut rester indifférent à ces enfants qui grandissent en même temps que leurs souffrances, sans le bouclier dispensé par l'amour inconditionnel de leur maman, et aux mères spoliées, semblables à des coquilles dont on a arraché le contenu, dont le vieillissement n'émousse en rien l'intensité de leur douleur.

Il y a également toutes les victimes collatérales – grands-parents, frères, sœurs, oncles, tantes, cousins, cousines, copains de la garderie ou de l'école – dont l'intensité du chagrin des enfants et de la maman laisse peu de place à l'expression de leur propre douleur.

Comment apprend-on aux petits de l'entourage qu'un enfant comme eux peut disparaître sans qu'il puisse même leur dire au revoir? Comment leur explique-t-on qu'un papa ou une maman puisse faire une telle chose? Comment peut-on les assurer que ça ne leur arrivera pas? Quelle sera leur perception des adultes, sur qui ils comptent pour les protéger, et du monde dans lequel ils vivent après ça?

Je trouve également profondément et impitoyablement injuste et cruel que des hommes bons, respectueux et aimants suscitent la crainte en raison de leurs origines. Bien sûr, ce ne sont pas tous les étrangers qui retournent dans leurs pays avec leurs enfants pour les soustraire à leur mère. Cependant, qui sait comment réagira un homme en colère désireux de se venger s'il en a la possibilité?

Tant au Québec qu'en France ou en Allemagne, je connais des couples mixtes qui n'ont jamais eu et n'auront, je l'espère de tout cœur, jamais à vivre de telles horreurs. Malheureusement, j'en rencontre également de plus en plus qui vivent cet enfer.

Pourtant, au départ, quand le couple s'est formé, rien ne laissait présager qu'une chose pareille pouvait se produire. Parfois, il n'y avait aucun signe avant-coureur. D'autres fois, il y en avait, mais on les interprétait en refusant de les voir. Même les mises en garde les plus sérieuses n'arrivaient pas à ébranler la conviction qu'il ne fallait pas tomber dans le pathos et que tout irait bien. Un cœur amoureux perd souvent sa faculté de discernement.

Une fois devant les faits, il est trop tard. On ne pourra jamais mesurer l'ensemble des conséquences de ces gâchis tellement ils sont importants et ont des ramifications imprévisibles à court, moyen, long et très long termes. Même les «plus beaux cas», pas de violence physique et retrouvailles rapides, laissent des souffrances qui persistent à jamais.

Des couples éclatent et les enfants sont souvent brisés. Particulièrement si les adultes ne sont pas conscients de l'importance de les protéger, s'ils s'en servent comme représailles et vivent dans des pays différents avec des mentalités difficilement conciliables.

Il arrive alors, hélas, que le parent qui n'a pas la garde principale enlève son ou ses enfants. Alors que la loi est du côté du parent lésé pour les ressortissants des pays d'Europe et d'Amérique, ce n'est pas le cas dans tous les pays.

Sous certaines juridictions, les enfants appartiennent exclusivement au père ou au ressortissant du pays, indépendamment des capacités de ce parent et du droit de l'autre parent à avoir accès à son enfant. Au drame humain s'ajoutent alors les complications légales entre deux systèmes qui appliquent la loi de façon radicalement différente et où s'ajoutent les complications religieuses, sociales et politiques.

Des enfants qui quittent pour l'étranger avec leur père, sans le consentement de leur mère, est un phénomène relativement nouveau qui remonte aux années 1970. En fait, le grand public en a entendu parler à partir du début des années 1980, avec le combat désespéré des Mères d'Alger.

LES MÈRES D'ALGER

Les Mères d'Alger[83] sont des Françaises, auxquelles s'est jointe une Anglaise, dont les ex-conjoints d'origine algérienne ont amené leurs enfants en Algérie, bien que les mères en aient eu légalement la garde en France.

Les autres pays n'étaient pas épargnés, à la même époque, alors qu'on comptabilisait une trentaine de rapts par année en

Belgique. Les enfants étaient principalement amenés dans les pays du Maghreb, mais également dans d'autres pays d'Europe où il était difficile de les retracer.

À partir de 1983, les Mères d'Alger ont entrepris des actions et représentations dans le but de sensibiliser l'opinion publique à leur drame. Si une bonne partie de la population compatissait, il s'en trouvait pour leur faire porter la responsabilité de la situation du fait qu'elles avaient choisi de faire des enfants avec un Arabe.

Les médias font mention de leur lutte jusqu'en 1989, alors que le président français François Mitterand décore Anne Sugier au rang d'officier de l'Ordre national du Mérite pour son action pour les Mères d'Alger.

LES CONVENTIONS INTERNATIONALES

Étant donné le nombre grandissant de mariages mixtes et d'unions de fait entre ressortissants originaires de pays différents, les autorités de plusieurs pays ont signé, en 1980, une clause de la Convention de La Haye concernant les aspects civils de l'enlèvement international d'enfants. Ce traité permet l'extradition des enfants enlevés par un parent qui n'en a pas la garde légale et qui s'est réfugié dans un des pays signataires.

La Convention de New York sur les droits de l'enfant, adoptée par l'ONU en 1989, a pour but de reconnaître et protéger les droits des enfants, de même que la déclinaison spécifique de la Convention européenne des droits de l'homme. La convention détermine que c'est un droit pour l'enfant, et dans son intérêt, de conserver des relations avec ses deux parents. Le Code civil de la plupart des pays juge d'ailleurs les litiges des parents en fonction de l'intérêt de l'enfant.

Pourtant, plusieurs parents n'hésitent pas à déménager à l'étranger illégalement avec leur enfant, sans le consentement de l'ex-conjoint. Les divorces conflictuels, les façons différentes d'appliquer la loi et l'ouverture des frontières favorisent les déplacements illicites d'enfants.

Cependant, le parent lésé n'a aucun recours légal si le pays de l'autre parent n'a pas signé la Convention de La Haye. C'est le cas pour les pays du Maghreb, d'Afrique centrale, de la Russie et du Japon, pour n'en nommer que quelques-uns.

Les raisons du refus d'adhérer à cette entente diffèrent d'un pays à l'autre. Les usages et coutumes veulent que les mères n'aient aucun droit sur leurs enfants dans plusieurs pays africains, dont ceux du Maghreb. Les hommes sont «propriétaires» non seulement de leurs enfants, mais également de leurs conjointes. Si la mère est étrangère, elle peut en général regagner son pays, mais elle doit laisser ses enfants à leur père, même s'ils sont natifs et citoyens d'un autre pays.

Si elle n'arrive pas à obtenir une conciliation avec son ex-conjoint pour rendre visite à son enfant, la mère non islamique n'a pas le droit de voyager dans les pays islamiques sans l'autorisation du père de son enfant. C'est valable pour l'Égypte, la Jordanie, l'Arabie Saoudite, l'Iran, l'Algérie, le Koweït, la Lybie, le Maroc, la Syrie, la Tunisie, le Yémen, le Bahrain, le Sultanat d'Oman, le Quatar, le Soudan, la Turquie, les Émirats Arabes Unis, le Pakistan, la Malaisie, l'Indonésie, l'Afghanistan et le Bangladesh[84].

Presque tous les pays européens, les États-Unis, le Canada, l'Australie et la Nouvelle-Zélande ont à gérer ces situations. L'Allemagne est le pays occidental qui a recours le plus souvent à l'article 13b de la Convention de La Haye. Il retient l'enfant né d'un couple mixte et change son patronyme pour s'assurer qu'il ne quittera pas le pays.

Du côté de la France, ce sont les pays du Maghreb, particulièrement l'Algérie, qui sont surreprésentés dans les cas litigieux. Cependant, certains de ces pays collaborent pour trouver une solution, même s'ils ne sont pas signataires du traité de la Convention de La Haye.

En 1984, un million d'Algériens vivaient en France. Il y a eu autour de 20 000 naissances par année provenant de couples mixtes, et durant ces mêmes années environ 1 000 enfants par année ont été enlevés par un parent, le père dans 95 % des cas. Dans trois cas sur quatre, le père est maghrébin, dont un sur deux est Algérien[85]. Il y a alors plus de 12 000 enfants franco-algériens retenus en Algérie par leur père. La plupart y sont toujours.

La Tunisie et le Maroc représentaient 18 % et 12 % des cas. Les pères français, qui ont amené leurs enfants à l'étranger pour les soustraire à leur mère, représentaient 10 % des enlèvements. Il n'existe aucune statistique concernant les femmes maghrébines dont les enfants ont été ramenés, contre leur gré, dans le pays d'origine.

En général, l'enlèvement est consécutif à la décision de la femme de prendre l'initiative de bousculer le code de vie: mettre fin à la vie commune, déposer une plainte pour violence ou refus de suivre le conjoint dans son pays d'origine.

Les consulats du Maghreb sont autorisés à délivrer des passeports consulaires à leurs ressortissants et à leurs enfants, sans vérifier si la mère consent au départ des enfants ou si une procédure d'interdiction de sortie du territoire français est engagée. La sortie du territoire se fait donc librement avec un titre français ou avec un passeport de la nationalité du père. Par contre, la sortie de l'un des pays du Maghreb doit être autorisée par le père. Dans un sens comme dans l'autre, les mères et les enfants n'ont aucun pouvoir.

Les mères ont à se démener dans un dédale de procédures, à assumer des frais de déplacement et des honoraires d'avocats. Le temps qui passe pendant les interminables démarches juridiques creuse le gouffre de la séparation. Le bébé oublie sa mère et l'adolescent devient adulte. Non seulement les mères sont les victimes, mais elles doivent en plus faire la preuve du délit.

Selon le droit musulman, pour que la mère obtienne le droit de garde, son lieu de résidence doit être à proximité de celui du père, elle ne peut pas se remarier et doit élever son enfant dans la religion musulmane. Par contre, le père n'a aucune restriction. Il est fréquent qu'il laisse le ou les enfants dans sa famille et revienne vivre et travailler en France. Il est aussi rare que les pères algériens, qui vivent dans un autre pays que celui de leurs enfants, paient une pension.

Pour ce qui est des femmes maghrébines résidant en France, elles ont encore moins de recours juridiques que les Françaises. De plus, le chômage à la hausse, les expulsions et la montée du racisme ont pour conséquence de multiplier les séparations et, du fait même, les risques d'enlèvements.

Il est faux de supposer qu'un enfant kidnappé par son parent est en sécurité. «Le parent ravisseur a un profil psychologique particulier. Il s'agit en fait de délinquants familiaux trop narcissiques pour avoir conscience du préjudice qu'ils font subir. Ils prétendent agir par amour pour l'enfant, mais en réalité, leur but est de nuire, et ils s'avèrent défaillants sur les plans éducatif et affectif. Certains vont même exiger une rançon contre le retour des enfants», a conclu maître Catherine Zviloff, avocate de Paris, présidente du Collectif de solidarité aux mères des enfants enlevés (CSMEE), qui déplore que le nombre d'enfants déplacés illégalement soit en constante augmentation[86].

Les cas de maltraitance, de mariage précoce ou encore d'absence de scolarisation, pour éviter toute localisation de l'enfant, sont monnaie courante. «L'enfant est carencé à tous les niveaux: il n'est pas lavé, il est mal nourri, et parfois il est confié à une nourrice du pays par un père qui retourne en Europe. Il est donc privé de tout repère familial», rapporte la juriste Hansu Yalaz, qui fait également partie du Collectif de solidarité aux mères des enfants enlevés.

Me Yalaz a eu, entre autres, à s'occuper du dossier d'une petite Maroco-Espagnole enlevée par son père et abandonnée dans une famille d'accueil au Maroc où elle est morte à la suite de négligence et de tuberculose. L'enfant a été enterrée anonymement dans les fosses communes et sa mère n'a même pas pu se recueillir sur sa tombe.

En théorie, les conventions bilatérales dans les cas de l'Algérie, du Maroc et de la Tunisie prévoient la libre circulation de l'enfant entre ses deux parents et ses deux pays. Ce qui est autre chose en pratique, déplore Me Yalaz: «Les conventions ne sont pas toujours appliquées. Sur les cent vingt dossiers que nous traitons par année, nous n'avons qu'une trentaine de retours.»

«Depuis l'annulation des élections en Algérie, aucune décision de justice n'a été rendue en vertu de la convention pourtant signée en 1988, hormis pour les enfants nés hors des liens du mariage et qui, de ce fait, ne sont pas reconnus par la législation algérienne. Ces enfants sont aujourd'hui victimes de la géopolitique et de la montée de l'islamisme en Algérie. Leur départ vers la France devient un enjeu de combat national. Les autorités invoquent l'alibi religieux: ils vont manger du porc à la cantine, les filles ne seront pas autorisées à porter le voile...» a ajouté Me Zviloff[87].

Me Yalaz considère qu'il y a une volonté politique de régler ce type de conflits au Maroc. Ce pays a collaboré afin d'organiser des droits de visites collectives pour une dizaine de mères, grâce à la collaboration des juges.

LE JAPON

On remarque également une forte augmentation de mères d'origine japonaise qui retournent dans leur pays avec leur(s) enfant(s) laissant des pères sans moyens de faire valoir leurs droits. Il y a même un fort taux de suicide chez les pères français qui ont eu un ou des enfants avec une Japonaise.

En 2010, deux Français, Arnaud Simon, professeur de français dans une école prestigieuse de Tokyo, et Christophe Guillermin, résidant à Osaka, se sont suicidés à la suite de l'enlèvement de leurs enfants par leurs ex-conjointes japonaises[88].

Au Japon, dans les cas de séparation ou de divorce, la coutume veut que les époux retournent dans leur famille. Les enfants sont alors à la charge d'un seul parent, la mère dans plus de 80% des cas. Le père devient alors un *tanin* (étranger) pour son enfant et son ex-belle-famille. Exclus de tout ce qui concerne leurs enfants et sans droit de visite, ces hommes payent rarement une pension.

Les quelques pères qui obtiennent gain de cause auprès des tribunaux, après des luttes épiques, voient leur droit de visite soumis au bon vouloir de la mère et des policiers qui défendent davantage les coutumes que le droit. Loin de punir l'enlèvement de l'enfant, la loi l'entérine.

Pour ce qui est du parent étranger, les tribunaux japonais ne reconnaissent pas la validité des jugements de divorce et de garde d'enfant prononcés à l'étranger. Ils réattribuent la garde «officielle» au parent nippon, sans que l'autre parent ait la possibilité de faire valoir ses droits.

Plus de 130 000 nouveaux enfants sont privés de leur père chaque année dans le pays du soleil levant. Parmi eux, il y a 32 pères français, 38 américains, dont Christopher Savoie[89] qui a été emprisonné quand il est venu chercher ses enfants avec un droit de garde légal obtenu aux États-Unis, 38 britanniques, 30 canadiens, dont Bruce Gherbetti[90] de Vancouver et Christian Larochelle[91] [92] du Québec, ainsi que des pères allemands, australiens, belges, colombiens, espagnols, hongrois, italiens et néo-zélandais.

Le Japon et la Russie sont les deux seuls pays du G20 qui n'ont jamais signé la Convention de La Haye de 1980, portant sur les aspects civils des enlèvements internationaux d'enfants. Cette convention a pour but de protéger les enfants, au plan international, contre les effets nuisibles d'un déplacement ou d'un non-retour illicite, et d'établir des procédures en vue de garantir le retour immédiat de l'enfant dans l'État ou le pays de sa résidence habituelle.

Malheureusement, en plus du Japon et de la Russie, des pays d'Afrique du Nord, du Proche-Orient et d'Afrique centrale, qui présentent des cultures, des traditions, des mentalités et des conceptions différentes sur les droits des femmes et des enfants, refusent également d'adhérer à la convention.

Les spécialistes de cette question sont d'avis que les accords binationaux devraient être remplacés par un règlement uniforme et global pour harmoniser et améliorer la coopération entre les pays concernés pour le meilleur intérêt des enfants. Pour ce faire, il faudrait que le Japon amende le Code civil, ce qui, dans ce pays, se révèle particulièrement complexe.

Je sais que beaucoup de gens considèrent que les personnes qui vivent ou ont vécu ces situations, dont je suis, se sont mises dans le pétrin en ayant un ou des enfants avec un étranger. On généralise, on tranche, on accuse et on juge la victime qui se retrouve au banc des accusés. En 1984, en France, sur 20 000 naissances issues de couples mixtes, autour de 1 000 enfants ont été enlevés par le parent d'origine autre que française... Il y en a quand même 19 000 qui ne l'ont pas fait! Il y a surtout le sort de ces 1 000 enfants qui passe au second plan, autant d'otages innocents des disputes entre adultes.

LE SYNDROME D'ALIÉNATION PARENTALE, UN TROUBLE MÉCONNU

Le psychiatre Paul Bensussan[93], expert national en France et expert de la Cour pénale internationale, définit le syndrome d'aliénation parentale[94] comme le rejet injustifié et inexplicable d'un parent par son enfant. Il souligne que la définition même du phénomène est controversée dans la mesure où certains vont jusqu'à contester son existence au seul motif qu'il ne figure pas dans les classifications internationales des troubles psychiatriques.

«Ce rejet est parfois – mais pas toujours – le fruit d'une manipulation du parent favori, qui peut aller jusqu'au lavage de cerveau: il y a comme une volonté d'éradiquer l'autre géniteur de la mémoire et de la vie de l'enfant. Tout se passe comme si le parent kidnappeur avait la certitude pathologique d'apporter à l'enfant tout ce dont il a besoin. Il deviendrait en quelque sorte son père, sa mère et son éducateur», écrit cet expert auprès des tribunaux, dans un article pour la revue *Divorces et séparations*[95].

Chez les enfants, souligne le Dr Paul Bensussan, une représentation manichéenne du monde prévaut: il y a le «bon parent», celui qui leur assure le plus de sécurité et à qui ils s'identifient, et de l'autre côté, il y a le «mauvais parent». «Eux sont aux côtés du bon parent, perçu comme victime, mais en réalité souvent le plus fort. Ils lui font allégeance de loyauté en se comportant comme de bons petits soldats», explique-t-il.

Le rejet à l'égard de l'autre parent peut prendre des formes diverses: refus de le voir, objection à continuer de porter son patronyme, insultes, chantage au suicide si jamais il lui était confié…

Le hic, avec le SAP (syndrome d'aliénation parentale), est que ceux qui en sont atteints présentent peu de troubles, du moins à court terme, ce qui n'empêche pas les symptômes d'apparaître plus tard. Les experts de la santé mentale qui se sont penchés sur l'impact d'un rapt parental ont remarqué que l'enfant concerné était davantage exposé aux maladies psychiques ou psychosomatiques. Confronté à un effondrement de la confiance en soi, il a un risque accru de problèmes relationnels (notamment dans sa vie de couple ultérieure) et il peut connaître des tendances asociales pouvant aller jusqu'à la criminalité ou le suicide.

9.

QUELQUES RETROUVAILLES HEUREUSES
MAIS BEAUCOUP DE DRAMES CAMOUFLÉS

Bien sûr, il y a de belles histoires de retrouvailles, mais elles sont marginales. Certains enfants, devenus majeurs, se sont blindés et refusent de rencontrer leur mère. D'autres ont tout simplement disparu, comme évanouis dans la nature.

Il y a aussi des tentatives qui se sont soldées par des échecs, les délais considérables ayant brisé les liens ténus, parfois inexistants quand l'enfant était tout petit. On peut même raisonnablement supposer que certains ignorent tout simplement, encore de nos jours, qu'ils ont une mère qui les aime en silence quelque part dans le monde.

Il est également possible, pour toutes sortes de raisons, que les retrouvailles se fassent plusieurs décennies plus tard. Soit qu'elles se font après le décès du père, après la divulgation tardive d'informations ou par manque de moyens pour entreprendre des recherches.

En France, chaque année, quatre fois plus d'enfants sont enlevés par l'un de leur parent qu'en 1984, et on ne retrouve que la moitié d'entre eux.

Le Québec n'est pas épargné, l'affaire Nathalie Morin faisant les manchettes de façon récurrente depuis plusieurs années. Cette Québécoise, mariée à un Saoudien, refuse de quitter ses trois enfants, bientôt quatre, étant retenue en Arabie Saoudite depuis 2005. La mère de Nathalie, Johanne Durocher, remue ciel et terre pour le retour de sa fille et de ses petits-enfants.

Cette situation devrait servir à mettre en garde les femmes qui prévoient avoir des enfants avec un citoyen originaire de pays qui n'ont pas d'entente d'extradition avec le Canada concernant le droit de garde des enfants.

Vous pourrez également lire le témoignage d'Amina, une jeune femme musulmane d'origine malienne qui vit actuellement au Québec, et qui a accepté de me raconter son histoire. Puis de Virginie Rousseau, une Française, dont la sœur Sophie a alerté les médias et l'opinion publique pour qu'elle puisse sortir ses deux fils retenus en Tunisie par la famille de son mari.

Finalement, je vous raconterai mon histoire, qui a débuté en 1973, et qui démontre qu'en 40 ans, il n'y a pas eu de progrès dans la recherche de solutions afin d'éviter que ces situations se reproduisent à l'infini.

L'AFFAIRE NATHALIE MORIN DU QUÉBEC

Nathalie Morin[96] est une Québécoise dans la jeune trentaine retenue en Arabie Saoudite depuis 2005. Partie rejoindre son conjoint, Saeed Al-Sharahni Bishi, avec son fils Samir, né au Québec, elle a accouché depuis d'Abdullah et de Sarah. La jeune mère et ses enfants ont vécu dans la terreur, Saeed aurait eu des phases violentes. Elle et ses enfants auraient même manqué du nécessaire.

Nathalie pourrait partir, en tant que Canadienne, mais elle refuse de quitter ses enfants, citoyens saoudiens. Sa mère,

Johanne Durocher, appuyée par des instances politiques et un comité de soutien, ne ménage pas ses efforts pour faire en sorte que Nathalie et ses enfants puissent revenir au Québec. Voici un bref survol chronologique de son histoire.

Nathalie rencontre Saeed Al-Sharahni Bishi, un Saoudien étudiant à l'Université Concordia de Montréal, en septembre 2001. C'est le coup de foudre. En juillet de l'année suivante, au Québec, elle donne naissance à Samir. Deux mois plus tard, Saeed Al-Sharahni Bishi est déporté dans son pays. Durant 2003 et 2004, il lui fait miroiter qu'une belle vie de famille est possible pour eux en Arabie Saoudite. Elle lui rend visite à deux reprises.

Il réussit finalement à la convaincre et elle part le rejoindre avec le petit Samir, en mars 2005. Ils vivent en union libre. En décembre de la même année, Johanne Durocher visite sa fille qu'elle dit visiblement malheureuse. Elle contacte l'ambassade du Canada pour leur demander de la rapatrier avec son enfant. La demande n'a pas de suite.

En janvier 2006, Johanne Durocher demande l'aide d'Ottawa. En juin, Nathalie accouche de son second fils, Abdullah. En octobre Nathalie, seule, vient visiter sa famille à Montréal durant six semaines, puis retourne auprès de ses enfants.

La situation s'envenime. En janvier 2008, Saeed demande une rançon de 20 000 $ pour rendre la liberté à Nathalie et leurs deux garçons. En mars, dans une interview qu'il donne au journal l'Al Riyadh, il mentionne qu'il a changé d'avis.

Au début d'avril, dans des interviews à LCN, TVA et au *Journal de Montréal*, la mère de Nathalie alerte l'opinion publique et demande à nouveau l'aide du gouvernement pour rapatrier sa fille et ses deux petits-enfants. Elle obtient des appuis politiques de Gilles Duceppe, chef du Bloc Québécois, qui demande qu'on prenne des sanctions pour faire pression sur l'Arabie Saoudite qui refuse de s'impliquer dans une affaire privée.

En juin, la famille de Nathalie participe à une manifestation à Ottawa organisée par la députée Francine Lalonde. En juillet, la députée donne une conférence de presse avec la mère de Nathalie et son frère Dominique, puis récidive en novembre.

En novembre, Saeed, qui subit des pressions du gouvernement saoudien, à la suite des articles parus au Canada et en Arabie Saoudite, déclare à Nathalie qu'il les laisse partir, puis se ravise. Il veut maintenant un passeport canadien. Nathalie met au monde son troisième enfant, une petite fille nommée Sarah.

En février 2009, après plusieurs semaines de silence, la mère de Nathalie reçoit des nouvelles et quelques photos. En avril, les représentants du Bloc Québécois, du Parti libéral et du Nouveau Parti démocratique (NPD), Francine Lalonde, Bernard Patry et Thomas Mulcair, donnent une conférence de presse avec Johanne Durocher. Nouvelle conférence de presse en mai, pour la fête des Mères, avec Christelle Bogosta du NPD, Marie-Ève Adam du Bloc Québécois, ainsi que la mère et le frère de Nathalie.

En avril, Johanne Durocher fait parvenir une mise en demeure au gouvernement, le menaçant de poursuites en dommages et intérêts s'il n'aide pas sa fille et ses enfants à rentrer au Canada.

Les opinions du grand public sont partagées dans les lignes ouvertes et les médias. Certains considèrent que le Canada doit tout faire et tout tenter pour les sortir de là, même envoyer des troupes. D'autres font remarquer qu'un commando qui arriverait de l'Arabie Saoudite au Québec pour enlever un de leurs ressortissants avec ses enfants, alors que le droit de garde appartient à l'autre parent, est inimaginable! Ce qui est inacceptable pour nous l'est aussi pour eux.

D'autres, tout en se disant sensibles à sa situation, considèrent qu'elle a agi en toute connaissance de cause, le sort des femmes en Arabie Saoudite étant largement connu, et qu'aucun gouvernement ne peut dicter sa conduite à un autre gouvernement ou à un ressortissant étranger qui est dans son propre pays.

Cependant, je comprends parfaitement la détermination de la mère de Nathalie qui veut sortir sa fille d'une situation qu'elle n'avait pas anticipée. Je partage également la détresse de Nathalie qui ne peut abandonner ses trois enfants. Les négociations et les pressions diplomatiques semblent les seules voies raisonnables pour y arriver. Dans l'hypothèse d'une réussite, combien de temps va-t-il s'écouler avant que ces gens puissent revenir? Plus le temps passe, plus les séquelles seront importantes à surmonter.

En juillet, la mère et le frère de Nathalie lui rendent visite. Les films et les photos qu'ils prennent sont diffusés dans un reportage de l'émission *Enquête* à Radio-Canada, le 29 octobre. En décembre, Amnistie Internationale organise un marathon d'écriture pour faire envoyer à Nathalie et ses enfants plus de 500 cartes.

En mars 2010, un spectacle de solidarité intitulé*La liberté clé en main* est organisé par le comité de soutien à Nathalie Morin pour la Journée internationale des Femmes.

En juin 2011, deux Saoudiennes militantes pour les droits de la personne, Fawzia al-Ayuni et Wajiha al-Huaider, se rendent chez Nathalie pour lui apporter de la nourriture à la demande de sa mère. Cette dernière a rencontré les deux femmes aux États-Unis, où vivent les enfants de l'une d'elles.

Elles sont arrêtées et emprisonnées par les autorités pour leur geste[97].

En novembre, Saeed Al-Sharahni obtient un visa de résidence temporaire pour un an et serait prêt à raccompagner la famille au Canada, un accès qu'Ottawa lui refusait depuis son expulsion dix années auparavant. Selon Nathalie, ce serait alors le gouvernement de l'Arabie Saoudite qui refuserait d'émettre des passeports aux trois enfants âgés de trois, cinq et neuf ans[98].

En juin 2013, les deux Saoudiennes sont condamnées, sous la loi de la Charia, à dix mois de prison suivis d'une interdiction de quitter l'Arabie Saoudite durant deux ans pour avoir tenté d'aider la Québécoise. La justice saoudienne y voit une tentative d'incitation à la soustraire à l'autorité de son mari[99] [100].

En juillet 2013, Nathalie aurait été repoussée hors de l'ambassade canadienne où ses trois enfants n'ont pu entrer[101].

Au moment de la rédaction de ce livre, été 2013, Nathalie Morin et ses trois enfants attendent toujours leur rapatriement au Québec. Nathalie doit accoucher de son quatrième enfant en septembre 2013.

L'affaire Amina, Française d'origine malienne

Amina est une jolie et délicate Malienne, musulmane, qui est née et a grandi en France, et qui vit maintenant au Québec. Voici son histoire.

«Mes parents, tous deux maliens, ont immigré en France dans les années 1970. Nous étions quatre filles très proches de nos parents. Avec du recul, je me rends compte à quel point mes parents étaient différents de la plupart des autres parents.

Chez nous, la discipline était ferme et les punitions corporelles n'étaient pas exclues, mais ils étaient ouverts, accessibles et modérés. Oui, modérés. C'est sûrement l'adjectif qui les décrit le mieux. Modérés: aussi bien sur le plan culturel que religieux. Chez nous, il n'a jamais été question d'être privées de liberté, de subir des mutilations génitales ou encore de porter le voile. Nos petites veillées familiales, assises dans le salon, nous rapprochaient beaucoup et nous permettaient, à mes sœurs et moi, d'en connaître davantage sur nos parents, sur nos familles, sur ce pays et cette culture qui semblaient à la fois si proches et si lointains. Nos parents ont tout fait pour qu'on ne manque de rien. Je garde de bons souvenirs de mon enfance.»

Le respect de l'autorité est une valeur qu'on lui a inculquée très tôt. «Papa était le chef à la maison. Chaque fois que je l'oubliais, ce qui m'arrivait très souvent, on savait me rafraîchir la mémoire. Comme tout bon chef, il savait imposer son autorité. Si bien d'ailleurs que, la plupart du temps, sa simple présence, ou même un regard, étaient suffisants pour nous donner froid dans le dos. Papa était très proche de ses enfants, très enthousiaste, bref, un bon vivant. Malgré son air sérieux ou même sévère, il savait mettre les gens à l'aise. Il était en avance sur son temps, par sa philosophie de vie et sa relation avec ses enfants. C'était aussi un père malien. Un père autoritaire qui ne rendait pas de comptes. Cette autorité était beaucoup plus accentuée vis-à-vis de ma mère. Pour mes sœurs et moi, c'était clair: maman était une femme soumise comme beaucoup d'autres autour de nous, d'ailleurs. Et lorsqu'on se réunissait, entre sœurs et cousines, on s'indignait de l'autorité abusive de nos pères. On critiquait cet excès de pouvoir en se jurant qu'une fois mariées, on n'accepterait jamais ce que nos mères acceptaient. On se projetait dans le futur en s'imaginant comment on agirait ou répondrait dans une situation où nos mères s'exécutaient en silence. Et on riait comme des folles. J'étais convaincue d'être différente de ma mère et de mes tantes. Je riais, sûre de moi-même et défiante. Oui, je riais…»

Dès l'âge de 15 ans, Amina travaille pour combler ses petits besoins tout en poursuivant ses études. «J'étais en première année à l'université lorsque j'ai fait la connaissance de celui qui allait devenir mon mari. J'avais ma petite bourse d'étudiante que je complétais en travaillant durant les vacances. Ça me suffisait. Je vivais des moments tendus avec mes parents, surtout avec mon père. Je me sentais incomprise et moins aimée que mes sœurs. Je ne supportais plus d'être vue comme une rebelle parce que j'étais différente de mes sœurs. Bref, à ce moment précis de ma vie, j'avais besoin de m'évader et je voulais qu'on reconnaisse ma valeur.»

À la recherche d'elle-même, elle ressent le besoin de se rapprocher de ses origines. «J'ai trouvé un site Internet fréquenté par des membres de la communauté malienne. J'ai envoyé un message d'encouragement et de félicitations à l'administrateur du site. Il m'a répondu et on a commencé à s'envoyer des courriels. Nos échanges me faisaient oublier les tensions familiales. Il me redonnait le moral, il comblait un vide et, avec lui, je m'évadais.»

Leur rapprochement se crée à travers leur amour pour leur pays d'origine: elle en France et lui, au Canada. «Très vite, notre amitié s'est transformée et fusionnée en amour. On passait des heures au téléphone, des nuits entières à discuter sur Internet. Le prince charmant que j'attendais était enfin entré dans ma vie. Il devenait mon refuge, le grand frère que je n'ai jamais eu, mon guide… que j'aurais suivi au bout du monde, les yeux fermés. Quelques mois après notre premier contact sur Internet, on a décidé qu'il fallait se rencontrer pour avoir la certitude que nous étions faits l'un pour l'autre. Notre histoire était quelque chose de sérieux, on ne voulait pas perdre de temps et la distance entre nous devenait un supplice.»

Rien ni personne n'aurait pu alors les arrêter. «Je sentais sa présence malgré la distance. Il ne manquait pas d'imagination pour me séduire au point de m'en couper le souffle. Il me comblait d'attentions comme personne ne l'avait jamais fait. Après une longue journée à l'université ou au travail, je rentrais chez moi et trouvais un énorme bouquet de fleurs à ma porte. Il m'expédiait des cartes postales, des photos, des cadeaux avec un naturel déconcertant. Il me donnait au-delà de mes attentes et je m'abandonnais à la confiance que j'avais en lui.»

Quelques mois après leur rencontre sur Internet, il vient la voir en France durant quelques jours, ne pouvant s'absenter plus longtemps de son travail. «Pour moi, c'était une réelle preuve d'amour. Faire neuf heures de vol pour enfin me serrer dans ses bras m'a enlevé tous mes doutes sur son sérieux. Cet homme m'aimait et il voulait que je devienne sa femme. Je n'ai pas été particulièrement séduite par sa beauté. Il avait de l'allure et cela comptait beaucoup pour moi. Par contre, je trouvais son physique imposant. J'étais si petite à côté de lui! Quand je l'ai aperçu pour la première fois à l'aéroport, je me suis dit: *Mon Dieu qu'il est grand et qu'il dégage de la force!* Il me serrait dans ses bras et je disparaissais! Ça me procurait un tel sentiment de sécurité.»

Après les fiançailles, il est devenu plus contrôlant. «Il lui arrivait de se fâcher quand je n'étais pas à la maison pour répondre à ses appels téléphoniques. Je m'empressais de rentrer chez moi pour ne manquer aucun de ses appels. Il me disait que je devais apprendre à me comporter comme une femme mariée, sinon il annulerait le mariage. J'étais terrorisée à la seule pensée de la honte que ce serait pour moi et ma famille qu'il rompe nos fiançailles. Il ne fallait surtout pas que ça se produise, au grand jamais. Tout en ressentant qu'il débordait d'amour à donner, je percevais en même temps chez lui un certain désir de contrôle. Mais ça ne me faisait pas peur. Il représentait l'autorité masculine, une valeur culturelle avec laquelle j'étais familière. Il m'arrivait de m'interroger sur la façon dont il se comporterait une fois marié, mais ça ne m'inquiétait pas vraiment. Consciemment ou non, cette autorité ne me déplaisait pas. Elle me rassurait. Parfois, je trouvais même cela touchant et presque amusant.»

Malgré cette envie folle de se marier et la conviction qu'elle était assez mature, Amina comprend aujourd'hui que beaucoup de choses lui échappaient. «L'homme contrôlant me plaisait davantage que le calme que rien ne met hors de lui. À 19 ans, je pensais avoir besoin d'être dominée par un homme, d'être rassurée et protégée par son autorité. On m'avait toujours dit qu'un homme doit savoir gérer sa femme, alors je cherchais un homme qui saurait me gérer, m'aimer et prendre soin de moi. Cet homme, c'était lui.»

Le mariage religieux, celui qui comptait le plus à ses yeux, a été célébré en France chez ses parents. «Il n'a pas pu être présent, mais sa présence n'était pas nécessaire. Pour le mariage religieux, il est très fréquent que seules les familles respectives se réunissent malgré l'absence de l'un des mariés.»

Quelques jours après la célébration du mariage religieux, elle le rejoint au Canada. «Après l'euphorie des premiers jours de notre vie conjugale, son besoin de contrôle a pris rapidement le dessus. J'étais désormais sa femme. Il était devenu mon mari, ce qui lui conférait tous les droits sur ma personne. Après quelques jours, il a levé la main sur moi pour la première fois. Le lendemain, j'étais une épouse comblée et je me disais que ce n'était qu'un incident isolé. Et puis cela se reproduisait. Une fois de plus, il se faisait pardonner et je préférais tout oublier. La spirale avait commencé. J'alternais, jour après jour, de la femme comblée à la femme abusée, et lui, de charmeur à agresseur. J'étais confuse. Je ne savais plus cerner la personnalité de mon mari et analyser ma situation avec lucidité. Nous étions seuls à l'autre bout du monde. Il était mon époux, alors je fermais les yeux et pardonnais.»

Elle s'était mariée en étant convaincue de sa grande maturité et d'avoir une force de caractère inébranlable. «En réalité, j'étais une jeune femme vulnérable en quête d'identité. N'ayant pas vraiment connu mon pays d'origine, j'étais souvent désignée comme perdue par les natifs du Mali. Je n'avais jamais été totalement Française ou Malienne et je n'étais pas encore Canadienne. Ça me blessait au plus profond de mon être. Je me sentais égarée dans le monde. Dans mon cas, c'était encore plus grave, car je n'ai pas appris la langue de mes parents. Être mariée avec un homme qui avait grandi au Mali n'était pas anodin pour moi. Il était ma référence. Je voulais être celle que je n'étais pas, une Malienne. Ce fut ma première erreur. Dans cette confusion identitaire, j'étais prête à accepter sans discernement de recevoir les instructions d'un mari qui disait vouloir refaire mon éducation dans mon propre intérêt.»

Tout a dégénéré à partir du moment où Amina a décidé de tout accepter sans établir ses limites et refusé d'envisager que son mariage puisse être un échec. «Souvent, lors de nos disputes, il menaçait d'appeler mes parents pour leur dire que leur fille n'avait pas reçu une éducation convenable et qu'il me retournerait chez eux. Je ne pouvais imaginer un seul instant la souffrance et la honte que cela leur causerait. Je voulais être parfaite à leurs yeux. Ce mariage les avait rendus si fiers et ils me regardaient enfin comme je voulais qu'ils me regardent. Je le suppliais de ne pas me faire ça. Je jurais d'être la femme qu'il voulait que je sois. Je me vois encore, agenouillée, les mains derrière le dos... Oui, je l'ai fait, et plus d'une fois d'ailleurs. C'était l'unique condition pour qu'il revienne sur sa décision. En posant le premier genou au sol, je me disais: *Non, ne me dis pas que tu es rendue là.* En posant le second genou, j'avais réussi à me convaincre que je n'avais pas le choix. Dans ce processus de devenir une femme malienne et de rendre mes parents et mon mari fiers de moi, j'ai fini par m'oublier un peu plus chaque jour.»

Enceinte deux mois après son arrivée au Canada, elle avait hâte de devenir maman. «Cela représentait tellement pour moi. Ce bébé qui grandissait en moi était le signe d'une nouvelle vie et, bien sûr, un lien éternel entre son père et moi. Je portais l'enfant de l'homme que j'aimais. Cette grossesse n'a pas été bien accueillie par mon mari qui voulait que j'avorte. Il trouvait que c'était trop tôt. J'arrivais dans un nouveau pays, j'étais nouvellement mariée et mes démarches avec les services de l'immigration n'étaient pas complétées. Je ne partageais pas sa vision. Mon désir de nous voir devenir parents avait pris le dessus et j'étais convaincue qu'il y aurait une solution à tous nos problèmes. Et tout s'est vraiment bien passé.»

Après avoir accepté qu'elle poursuive sa grossesse, il s'est montré attentionné. «Il veillait à tout, d'autant plus que c'était une période très difficile pour moi, car mon père livrait son dernier combat contre le cancer alors que je ne pouvais pas être à ses côtés. Nous avons décidé de célébrer notre mariage civil pour accélérer les procédures d'immigration. On s'est mariés à Ottawa, entourés de quelques membres de sa famille et de ses connaissances.»

Lors de la naissance du petit Issa, il s'est impliqué de façon exemplaire, surtout que, dans sa culture, ces tâches reviennent aux femmes. Même s'il était visiblement heureux d'être papa, le stress de l'apprentissage de la vie de couple, de la grossesse, de l'obtention de la résidence permanente qui a pris 18 mois, des dépenses qu'il assumait seul, de l'absence de tout soutien familial, moral et financier, du décès du père d'Amina et des tensions générées par leurs fréquents conflits a mis à l'épreuve la solidité du couple. «Il me reprochait de ne pas être assez Malienne, il me répétait souvent à quel point il regrettait de m'avoir mariée. J'avais rendu sa vie beaucoup trop compliquée. Il me le faisait savoir sans ménagement et j'en éprouvais de la honte. Alors, bien sûr, la situation a dégénéré. J'ai accepté ce que je considérais inacceptable. Je ne croyais plus en moi.»

Les bons moments partagés sont devenus moins fréquents et l'incompréhension s'est installée à demeure. «Les deux dernières années avant notre séparation, chacun menaçait l'autre de divorcer. Ce terme était devenu tellement banal pour nous. Les mots sont devenus de plus en plus blessants et les blessures de plus en plus graves. Il disait qu'il serait bien plus heureux sans moi et que j'étais un fardeau dans sa vie. Par contre, si je le quittais, il promettait de faire de ma vie un enfer. Il me menaçait de me mettre dans un trou pour que je ne voie plus jamais la lumière. Il me disait que je partirais seule, que je n'élèverais jamais son fils, que je perdrais tout et que je devrais me prostituer pour survivre. Il me répétait constamment que, sans lui, je ne serais rien et que je lui devais tout. Ses paroles restent présentes en moi et me font encore mal.»

La vie étant devenue infernale, Amina se devait de prendre une décision. «Je n'avais pas de famille et je connaissais très peu d'amis à Calgary où nous habitions. J'ai trouvé une maison de transition prête à me recevoir avec mon fils. Après avoir longuement réfléchi, je lui ai laissé une lettre d'explication, j'ai pris mon fils de trois ans, quelques affaires et je l'ai quitté alors qu'il était au travail. Quelques semaines plus tard, on s'est revus pour qu'il puisse passer du temps avec Issa. C'était douloureux. Je me sentais libre, mais j'avais un énorme poids dans la poitrine. Dans le fond, j'espérais que tout s'arrange, mais cet espoir s'évaporait rapidement. Il m'a fait comprendre que j'avais commis l'irréparable, car une épouse ne divorce pas de son mari, c'est le mari qui divorce de sa femme, car c'est lui qui l'a mariée.»

Jamais elle n'a imaginé se séparer de son enfant, pas plus qu'elle souhaitait briser les liens qui unissaient ce dernier à son père. «Avec des mots très durs, il avait réussi à me faire croire que j'étais une femme indigne. Lorsque j'acceptais qu'il prenne Issa pour la fin de semaine, il partait pour une période indéterminée pendant que j'attendais complètement désespérée qu'il veuille bien le ramener. La garde partagée a permis d'établir un encadrement... qu'il ne respectait pas. Je voyais mon fils à chaque deux semaines, mais il avait la ferme intention de me séparer de lui définitivement, de me faire payer le déshonneur que je lui avais causé, de me faire souffrir et de m'humilier. Il a atteint son but par les manipulations, les menaces verbales et la torture psychologique ininterrompues.»

Seule, à bout de force et dépressive, Amina a déclaré forfait. «Je n'avais plus la force de l'affronter. Malgré l'immense amour que j'avais pour mon fils, il fallait que je lâche prise et que je me retire pour refaire mes forces. Je n'en pouvais plus. Ma famille et mes proches en France s'inquiétaient pour moi. Je dépérissais et je risquais de me laisser couler. Dans ce genre de situation, on perd facilement le contrôle et on est prêt à tout sans même anticiper les conséquences. À l'automne 2011, il m'a bloqué tout accès à mon fils. Je ne pouvais même plus lui parler au téléphone. Il avait compris que j'étais trop à bout pour retourner en cour. J'ai décidé de partir. Je l'ai supplié en vain de me laisser passer un peu de temps avec mon fils. Je me suis rendue à l'école et j'ai serré mon enfant dans mes bras en lui disant à quel point je l'aimais, puis j'ai quitté Calgary pour Montréal.»

Ce départ, Amina l'assume comme une défaite. «Je suis devenue aux yeux de plusieurs la mère qui n'aime pas assez son fils pour se battre, celle pour qui il n'est pas une priorité et préfère prendre la fuite. Je me suis donné du temps pour me reconstruire. Sept mois plus tard, j'ai repris le combat. Il refusait toujours que j'entre en contact avec Issa, prétextant que je n'étais plus sa mère parce que je l'avais abandonné et que je ne le reverrais jamais. J'ai tenté d'obtenir une aide légale, mais rien ne pouvait être entrepris depuis le Québec et je ne pouvais assumer les frais d'un avocat qui me représenterait à Calgary. On m'a proposé du soutien émotionnel, mais ça ne m'intéressait pas. Je voulais des actions, pas du réconfort. C'est plus tard que j'ai bénéficié de l'aide d'une thérapeute dont le soutien a été très précieux.»

C'est donc seule que Amina se représente au procès qui dure trois jours. «Ma voix a finalement été entendue et je suis redevenue la mère de mon petit garçon. Je fais à nouveau partie de sa vie, même si plus rien ne sera comme avant. Je ne serai jamais la mère que j'aurais voulu être. Issa vit avec son père qui continue à souhaiter que je disparaisse de la vie de cet enfant que j'ai mis au monde. Nous n'arrivons pas à nous parler sur la base du bien-être de notre fils. Je me considère à sa merci, car je ne sais jamais à quoi m'attendre avec lui.»

Dans toute cette histoire, ce qui a brisé le cœur de cette femme, c'est qu'ils se soient battus pour être ensemble malgré les obstacles, mais qu'ils n'aient pas su se battre pour éviter de se faire souffrir. «Ce qui m'a détruite, c'est qu'il utilise notre enfant innocent pour m'achever. Il m'a pris mon petit qui me permettait de me recréer une identité à travers mon rôle de mère. Je n'aurais jamais imaginé qu'il puisse me faire ça et se battre avec autant de rage pour me sortir de la vie de mon enfant. Je pensais que ses menaces étaient passagères, qu'il disait tout cela sans le penser et que le temps serait mon allié. Malheureusement, ce n'était pas de simples paroles en l'air. J'ai cessé d'être la mère que je rêvais d'être et mon fils grandit loin de moi dans une autre province canadienne. Je suis anéantie de ne pas avoir compris avec qui j'étais et de n'avoir pas su anticiper. En réalité, je croyais le connaître en me mariant avec lui. Je l'avais idéalisé en fonction de mes aspirations et besoins. Je n'ai pas davantage su le connaître durant nos quatre années de mariage et, aujourd'hui encore, je ne le connais toujours pas.»

Depuis la séparation, il continue d'être prêt à tout pour lui nuire. «Aujourd'hui encore, je cherche des réponses et je me surprends à rêver de scénarios où tout se passe différemment. J'ai accepté que ce temps sans mon enfant soit à jamais perdu. Je crois que, lorsqu'une femme prive un père de son enfant, elle veut se venger en lui faisant mal, mais quand un père prive une mère de son enfant, c'est au-delà de la vengeance, c'est du mépris, avec en plus l'objectif de l'anéantir. Un père qui prive un enfant de sa mère... c'est un crime.»

Comment juge-t-elle son passé et envisage-t-elle son avenir? Avec fatalisme. «Je crois que rien ni personne ne pouvait m'empêcher de vivre cette situation. C'était mon destin. Même si je peux imaginer que les choses se soient passées autrement, la réalité me rattrape. J'étais convaincue que le mariage changerait ma vie pour mieux et me permettrait de révéler le meilleur de moi-même. Je me trompais. Je pense qu'avant de s'engager dans une relation, il faut savoir qui on est et s'aimer comme on est et non comme on voudrait être. Dès que notre valeur dépend de l'autre, c'est le début de la fin. Lorsqu'on est avec quelqu'un, il ne faut pas simplement aimer parce qu'il est bon d'aimer, il faut vraiment apprendre à connaître cette personne: ses forces, ses faiblesses, mais aussi son histoire, ses aspirations et ses valeurs. Il ne faut surtout pas interpréter le négatif pour le justifier.»

Amina considère qu'elle a appris la nécessité d'être honnête avec soi-même et de faire ses choix avec lucidité. «Si tu te mens à toi-même, tu t'égares et tu t'enfermes dans tes mensonges. Quels que soient les évènements qui nous affectent, quelles que soient les épreuves de la vie, il faut prendre le temps de s'arrêter et de se questionner. Ce temps-là est précieux, il nous appartient et il renferme souvent la réponse à beaucoup de questions. Avant, je ne savais pas m'écouter. Aujourd'hui, j'ai compris que m'écouter, c'est aussi prendre soin de moi. Je ne sais pas si je ne veux pas ou ne peux pas me projeter dans l'avenir, mais je n'y arrive pas. Il y a eu tellement de situations inattendues que je ne sais plus comment faire. J'étais une jeune fille beaucoup trop rêveuse et la vie m'a secouée! Aujourd'hui, je vis au jour le jour. Tout ce que je sais, c'est que je veux continuer à tout faire pour être en paix avec moi-même et mener une vie heureuse en me sentant libre. LIBRE.»

Amina a fait des constats concernant son couple. «Nos origines étaient les mêmes, mais je qualifierais notre union de mixte étant donné que nous avons grandi dans deux pays aux mentalités très différentes, la France et le Mali. La communication est d'autant plus importante quand les membres du couple sont de milieux différents et que de nombreux ajustements sont prévisibles. Une médiation sérieuse est essentielle, car l'amour ne règle pas tout. Lorsqu'on se comprend et se respecte, l'amour a encore plus de sens. On s'apprécie davantage, au-delà des différences et de ce qui nous rassemble.»

Amina est heureuse. Elle se prépare à accueillir son fils pour les vacances. Elle sait que le combat avec son ex-mari n'est pas terminé. En attendant, elle profite de chaque instant qu'elle passe avec son fils.

L'AFFAIRE VIRGINIE ROUSSEAU DE FRANCE

Virginie Rousseau, une Française, ainsi que son mari d'origine tunisienne, Néjib, et leurs deux garçons âgés de deux et cinq ans, Rayan et Brayan, qui ont la nationalité française, partent en vacances en Tunisie le 7 juillet 2012, comme à tous les ans. Le 2 septembre, Virginie prépare les valises pour le retour quand son mari l'informe qu'elle reste en Tunisie avec les enfants, alors que lui retourne en France. Elle pourrait repartir, mais seule, car en Tunisie, la nationalité étrangère des enfants nés d'un père tunisien n'est pas reconnue.

Elle réussit à contacter sa sœur Sophie qui alerte les médias et frappe à toutes les portes susceptibles de l'aider à ramener sa sœur et ses neveux. Grâce à la collaboration des autorités tunisiennes et françaises, à l'implication de RTL (radio et télé françaises) et de multiples appuis d'organismes humanitaires, Virginie récupère rapidement ses enfants pour la durée de son séjour forcé. Après dix mois d'épreuves, ils atterrissent tous les trois à Roissy, le 14 mai 2013.

Oui, le pire a été évité… mais le meilleur n'est pas au rendez-vous pour autant.

Ces événements ont aggravé le cancer de la mère des deux sœurs et l'état de santé de leur père s'est détérioré avec des crises cardiaques, le contrecoup de dix mois d'inquiétude. De plus, toutes deux ont peine à se remettre émotionnellement et vivent des phases dépressives. Elles ont perdu leur travail et croulent sous les dettes. Virginie n'a plus de joie de vivre et vit repliée sur elle-même. Rayan est trop petit pour verbaliser ce qu'il ressent et Brayan est devenu songeur et réservé. Il voit un psy pour l'aider à surmonter son anxiété. Dix mois, c'est long dans la vie d'enfants de deux et cinq ans.

Sans diminuer la valeur de l'implication de toutes les personnes qui ont permis le retour de Virginie et ses fils en France, on peut se demander si le résultat aurait été le même sans l'implication des médias qui ont rendu l'affaire publique.

• Le rôle primordial des médias

Pour la journaliste de RTL France, cette histoire commence quand elle reçoit un appel de Sophie Rousseau. Cette dernière, affolée et désespérée, demande de l'aide pour sa sœur qui ne peut revenir en France parce que ses deux enfants sont retenus par la famille de son mari en Tunisie.

«Je n'avais pas pour habitude de prendre ce genre d'affaires. Cependant, après l'étude du dossier, j'avais la preuve que les enfants étaient inscrits à l'école pour la rentrée et que des rendez-vous avaient été pris chez des médecins pour septembre. J'ai réalisé que la situation était grave. Je me devais de faire quelque chose.»

La journaliste décide de rendre publique cette affaire sur les ondes de la radio. Elle tente de rejoindre la famille du père par téléphone et de diffuser l'entretien en direct. Après un bref échange laconique, l'interlocuteur met fin brutalement à la communication.

Avec le soutien de Sophie, la journaliste obtient la confirmation de l'Office du tourisme que des billets de retour ont bien été émis pour les deux enfants et leur mère. Avec tous ces éléments, elle contacte la cellule diplomatique du Palais de l'Élysée, site officiel de la Présidence de la République française, et le ministère des Droits des femmes du gouvernement français, qui se sont tous deux saisis du dossier.

«J'ai eu le culot d'appeler le président et de lui parler. Il a eu une très bonne écoute et m'a demandé de lui envoyer un résumé de l'affaire.»

Madame Sarah Checroune, du ministère des Droits des femmes, mandate un enquêteur social pour faire un compte rendu de la situation. L'enquêteur social réalise un constat et est reçu, de même que la journaliste, à l'Élysée pour une rencontre afin d'en arriver à une solution.

«Monsieur Krifa et madame Turki, du consulat tunisien, suivent le dossier avec diligence et nous accompagnent avec beaucoup de gentillesse. Tenant compte des preuves fournies, la justice tunisienne statue en attribuant le droit de garde en faveur de la mère. Des femmes tunisiennes nous aident, mais nous demandent de garder leur identité confidentielle, ce que nous respectons. Nous nous réjouissons quand nous apprenons la date de retour de Virginie et de ses deux garçons. C'est la consternation quand on nous informe qu'un problème de dossier a reporté le départ. Puis, nous obtenons une deuxième date de départ.»

Monsieur Krifa accompagne Virginie et ses fils à l'aéroport. Une fois à l'aéroport, on réalise que Rayan est entré en Tunisie avec un passeport français et que son laissez-passer devait également être français.

«J'étais à Marignane, l'aéroport de Marseille, avec Sophie. Nous sommes reparties effondrées et résignées à subir un nouveau délai. Le Consul m'a assuré qu'il rétablirait la situation rapidement. Le lendemain, nous avons été reçus par monsieur Fabius, délégué de l'Assemblée nationale. Il nous a expliqué que finalement leur retour n'était plus possible par manque de liquidité et qu'ils prendraient le bateau un jour plus tard.»

Elles se rendent sur-le-champ à une agence d'Air France et la journaliste achète trois billets de retours pour la première heure le lendemain. Le stress est à son comble. «Nous n'étions pas certaines que ma carte de crédit passe. Une fois la transaction validée, nous avons sauté de joie dans l'agence. Les gens étaient émus et nous témoignaient des encouragements. Nous les avons à nouveau attendus à l'aéroport et nous étions tous fébriles. Les retrouvailles ont été très émouvantes.»

Lors de ses rencontres à l'Élysée, la journaliste a appris qu'il y avait énormément de cas semblables à celui de Virginie Rousseau.

10.

MON EXPÉRIENCE

J'aimerais partager ici brièvement avec vous mon expérience personnelle[102]. J'étais très jeune, très amoureuse, très dépendante, très vulnérable et pas du tout informée de ce qui pouvait m'arriver et encore moins de l'aide que j'aurais pu obtenir. Si j'écris des livres et donne des conférences, c'est justement pour donner les informations que je n'ai pas eues. Je veux surtout qu'on pense à la sécurité de ces petits enfants. Je souhaite qu'on apprenne à anticiper les risques, à prévenir les situations potentiellement dangereuses et à prévoir un éventail d'issues possibles au cas où le rêve tournerait au cauchemar.

Il y a encore des petites filles qui vivent ce que j'ai vécu. Mariée à 15 ans, j'ai accouché alors que j'avais à peine 16 ans, entourée de ma belle-famille qui me détestait intégralement à cause de ma moitié française.

Mon jeune mari, superstitieux, m'attribuait la source de ses déboires. Il était persuadé que le fait de s'être marié avec une autre épouse que celle que sa mère lui destinait lui portait malheur. Intelligent, ambitieux, bel homme, victime de ségrégation et sans diplôme, il n'arrivait pas à se trouver un emploi à la hauteur de ses aspirations. L'ajout de ses responsabilités de père dans ces conditions augmentait son stress et le rendait de plus en plus irascible.

Pendant que j'accouchais, j'avais mal et personne à qui me confier, personne pour me rassurer et personne pour m'expliquer ce qui se passait. Le personnel médical me traitait bien, mais je n'étais qu'une petite fille perdue parmi tant d'autres. La douleur était atroce. Chaque contraction me déchirait plus que la précédente. Je me disais qu'après ça, rien ne pouvait me faire plus mal. Je me trompais.

Perdre son enfant surpasse, et très largement, les douleurs de l'enfantement qui, elles, cessent avec la naissance. Loin de moi l'idée de nuancer la douleur d'une perte aussi viscérale; que ce soit par maladie, accident, guerre ou enlèvement. Qu'importe que la douleur soit graduée, selon les barèmes que certains établissent, elle occupe toute la place quand elle s'installe. On finit par faire avec, mais on ne guérit jamais totalement. Par contre, le deuil de son enfant qui vit sans nous quelque part, ou dont on ignore le sort, est inaltérable. Tant qu'il y a de la vie, il y a de l'espoir. Donc, on s'accroche à tout ce qui, de près ou de loin, peut ressembler à de l'espoir...

Ma belle-mère, avec l'accord de mon mari, sous prétexte que j'étais trop jeune pour m'occuper d'un enfant, m'a pris mon nouveau-né. Mon mari m'a alors promis que, après un court séjour en Algérie qui me permettrait de m'imprégner de sa culture, il me rendrait mon bébé.

Je ne comprenais pas pourquoi c'était si important d'aller en Algérie. Mon fils était Français de naissance, tout comme moi, sa mère, et la famille de mon mari avait décidé de s'établir en France. Selon la logique de l'adolescente que j'étais, je me disais que ces gens devaient souhaiter devenir Français, sinon ils seraient restés en Algérie.

Je n'avais aucune méfiance par rapport aux Arabes en général et aux Algériens en particulier. Mon père en était un, et c'était un homme bon, généreux, tolérant, doux et juste, que j'aimais profondément.

J'avais grandi en trouvant le raisonnement de mon père cohérent. Il se considérait comme la transition entre deux mondes: Touareg d'Algérie comme ses ancêtres et Français comme ses descendants. Il avait de nombreux amis arabes et aurait été ouvert à se faire des amis français, mais très peu souhaitaient ce type de rapprochement.

Pour la majorité de la population française, on avait souhaité leur venue et les tolérait uniquement pour qu'ils accomplissent les basses besognes boudées par les Français. Mon père acceptait son sort en toute connaissance de cause, car il savait que c'était encore pire en Algérie.

Après son service militaire, que les autorités françaises lui avaient fait faire en France sans lui demander son avis, il avait choisi de rester pour donner un meilleur avenir à ses enfants. Pour lui, aucun doute ne subsistait, c'était incontestable: ses enfants ne pouvaient qu'être Français.

Je ne comprenais donc pas l'importance et l'urgence que mon mari accordait soudainement à ses racines. Notre fils était si petit. Quand il serait plus grand, il pourrait à loisir explorer et intégrer ce qu'il souhaitait de ses origines arabes. Il y avait, en France, plein de mosquées et les Maghrébins formaient une minorité importante très bien structurée.

Je n'étais pas du tout contre l'idée d'aller en Algérie. Au contraire, j'aspirais secrètement à faire le tour du monde pour admirer ses splendeurs et tenter de soulager ses misères, et j'étais curieuse de découvrir où mon père était né et avait grandi; mais plus tard, quand nous en aurions les moyens.

À cette étape de notre vie, il me semblait prioritaire que mon mari trouve du travail et un appartement et, surtout, que nous reprenions notre enfant. J'ai fait valoir que je pouvais fort bien m'imprégner de la culture arabe en France et j'ai promis de m'investir corps et âme pour relever ce défi avec brio s'il me rendait mon bébé. Il a balayé mes arguments à coups d'insultes. Je n'étais qu'une petite idiote de Française qui ne connaissait rien de la vie.

Persuadée qu'il devait avoir raison et qu'il n'y avait rien d'autre à faire, mon optimisme a grugé mes appréhensions et je l'ai suivi en Algérie. Il m'avait juré, sur le Coran, qu'une fois que je me serais soumise à sa culture, il me rendrait mon fils.

L'Algérie est un pays grandiose aux paysages magnifiques, à la population accueillante et généreuse où la température est idéale. Cependant, comme malheureusement trop de pays, y naître femme est une calamité. Les lois sont faites par et pour les hommes qui sont «titulaires» de leurs filles. Leur droit de propriété absolu est transmissible à l'époux choisi par le père, avec ou sans le consentement des principales intéressées. Dans certaines familles, une fille, de la naissance à la mort, ne peut aspirer à l'autonomie. Si son mari décède avant elle, elle est prise en charge par ses fils et si elle n'en a pas, par les frères de son mari.

Les femmes du pays, qui ne savent pas nécessairement qu'il peut en être autrement, s'accommodaient de la situation, avec plus ou moins de soumission pour certaines. Ce n'était pas mon cas. J'avais, et j'ai toujours, peu d'aptitudes pour l'asservissement. En France, la situation des femmes n'était certes pas parfaite, mais, au moins, l'égalité des droits entre les hommes et les femmes était, et est toujours, reconnue sur le plan légal.

Malheureusement, j'étais bien loin de la France. Là où j'étais, les hommes pouvaient abuser de leur pouvoir comme bon leur semblait et les policiers ne se dérangeaient pas pour des peccadilles, comme une femme qui se fait battre par son mari. Tout au plus, ils se déplaçaient s'il la tuait… et encore, c'était plus souvent classé comme un «accident fâcheux». Beaucoup de femmes étaient en prison pour avoir tué leur mari mais rarement l'inverse.

Mon mari m'a alors battue, en toute impunité, aussi souvent qu'il avait envie de se défouler, ce qui se produisait souvent. Surtout qu'il avait décrété que notre court séjour en Algérie serait permanent, malgré qu'aucun emploi ne trouvait grâce à ses yeux. J'étais atterrée. Il m'a alors juré que ça ne changeait rien et que nous récupérerions notre fils dès que j'aurais perdu mon côté européen. J'aurais porté le tchador, et même le niqab, si cela avait accéléré le retour de mon fils, mais, à cette époque, ce n'était pas répandu, même les femmes voilées étaient rares.

Mon mari n'a pas accepté qu'il soit encore plus difficile de se trouver un emploi en Algérie qu'en France et pour des conditions encore moins avantageuses. Ce qui l'a mis en rage, mais il n'était surtout pas question qu'il retourne en France et y perde la face.

Voyant que je progressais dans l'acquisition de sa culture, il m'a fait emprisonner sous un prétexte bidon d'infidélité. Sa parole de mari «outragé» marié à une Française, forcément «libertine», suffisait à m'incriminer à partir d'un soupçon, qu'il soit fondé ou non. Pleurer, crier, supplier et me révolter ne servait qu'à faire pleuvoir les coups et les représailles.

Quand j'ai eu fini de purger ma sentence, des membres influents de sa famille m'ont fait sortir du pays. Ils craignaient qu'il finisse par me tuer et que le déshonneur rejaillisse sur la famille, tant en Algérie qu'en France.

Dans l'avion Alger-Paris, je n'avais pour tout bagage que les vêtements que je portais, mais j'étais sauvée. Il pouvait me répudier, divorcer, se remarier, prendre un harem, ça m'était égal. J'étais enfin libre de récupérer mon petit chez ses grands-parents paternels, dans mon pays.

Dès mon arrivée, j'ai entamé des procédures légales. J'ai enfin pu le voir à la sauvette et le serrer brièvement dans mes bras avant qu'on me l'arrache comme si je représentais une épouvantable menace pour lui.

Ma belle-famille a refusé de me rendre mon enfant, pré-textant que je n'étais pas en mesure de le faire vivre convena-blement. J'ai redoublé d'ardeur pour combler ces lacunes. Une fois que j'ai eu un appartement et un emploi qui rapportait suf-fisamment pour nous faire vivre tous les deux, ce qui m'a quand même pris quelques années, j'ai pu réclamer légalement sa garde.

J'avais en réserve tout l'amour du monde pour combler l'affection que je n'avais pu lui donner durant notre sépara-tion. Nous ne serions pas riches matériellement, mais riches d'un amour incommensurable d'une mère pour son enfant et d'un enfant pour sa mère.

Alors que je planifiais ma vie en fonction du bien-être de mon enfant, mon ex-mari s'organisait pour que je ne puisse pas faire valoir mes droits. Il a décidé de rapatrier mon petit garçon, qui avait dix ans, en Algérie. Ce n'était plus notre fils français, mais son fils algérien. C'est là qu'il a grandi sans connaître mon existence, puisqu'on lui a dit que sa grand-mère était sa mère, et là on lui apprend que c'est la femme de son père qui est sa «vraie» mère; il ignore mon existence. Ces gens ont même eu le culot de lui dire que le petit vélo que je lui avais fait livrer pour son anniversaire était un cadeau de cette femme.

L'impossible deuil

Même loin de mon enfant, mon instinct maternel restait aussi fort et je souffrais atrocement d'être privée de sa présence. C'est alors qu'a débuté une attente insoutenable, cruelle et sans échéance connue. Où était mon enfant? C'est grand l'Algérie et de là, il pouvait partir n'importe où dans le vaste monde. Mon petit était-il en bonne santé? Est-ce qu'on prenait bien soin de lui? Était-il seulement encore vivant? Est-ce que je le reverrais un jour?

J'avais trop mal pour regarder les petits garçons qui semblaient avoir son âge. Était-il grand ou petit? Frêle ou grassouillet? Puis, je me disais que ces gens pouvaient fort bien revenir en France, alors j'observais les petites têtes aux boucles brunes pour comparer leur physionomie à celle de mon petit. Et constatant que, de toute évidence, ce n'était pas le mien, je retournais à mon appartement plein du vide de son absence.

Ses anniversaires s'accumulaient tandis qu'augmentait ma terreur de le croiser par hasard sans le reconnaître. J'avais mal à mon enfant et rien ne pouvait soulager cette douleur sourde, aveugle et muette qui m'oppressait.

Mon entourage ignorait mon drame puisque je n'en parlais à personne. Je ne pouvais supporter de devenir une curiosité qui suscite la pitié, et à qui on demande de raconter cette déchirure jour après jour. D'avoir à subir leurs regards interrogateurs, à radoter, comme un disque rayé, «non, pas de nouveau». De retenir mes larmes en fuyant les regards navrés et impuissants de ceux qui, soulagés de ne pas être à ma place, serraient leurs petits un peu plus fort contre eux.

Je savais que le jour où je le retrouverais, je serais capable d'en parler, et là, rien ni personne n'arriverait à me réduire au silence.

Beaucoup plus tard, mon bébé dans le corps d'un jeune homme m'a retrouvée. J'ai enfin, gauchement, pu le prendre sous mon aile, même s'il aspirait déjà à prendre son envol.

Je suis malgré tout reconnaissante à la vie, car nous nous sommes retrouvés. J'aurais seulement souhaité que l'attente soit moins longue. Je sais que ce que nous avons vécu, mon fils et moi, nous a fragilisés tout en nous rendant plus forts. Ce mélange paradoxal, qui ne peut coexister, nous procure une résilience hors du commun construite sur des vulnérabilités. Cette force considérable alterne avec des démons qui nous minent sournoisement, surtout que la vie nous fournit de belles choses autant que de lourdes épreuves.

Je ne peux que déplorer ces abus de pouvoir ignobles, inhumains et indignes qui consistent à utiliser ses propres enfants comme instruments de vengeance. Si un parent considère que l'autre parent n'est pas adéquat ou est dangereux pour son enfant, il y a des recours légaux à prendre pour le protéger et en obtenir la garde. Personne ne peut se faire justice impunément à partir de ses propres critères, en ignorant les droits de l'autre parent, et surtout de l'enfant.

Si les droits des femmes et des enfants étaient égaux à ceux des hommes dans tous les pays du monde, ces situations ne seraient plus possibles, tant pour les pères que pour les mères.

Imaginez la détresse de la mère qui a remué ciel et terre pour récupérer son enfant, et que ce dernier la traite comme sa pire ennemie. Quel dilemme: renoncer à son enfant pour combler son plus cher désir ou le garder contre son gré, au risque de faire de la vie commune un enfer!

On ne peut chiffrer avec exactitude combien de parents, en majorité des mères, vivent un tel calvaire. Combien se contentent d'exister, entre parenthèses, dans une attente qui ne finira peut-être jamais? Combien sont retenues dans un pays où, contre leur volonté, elles vivront des années et même y finiront leurs jours, parce qu'il leur est impensable de laisser leurs petits derrière elles?

Une fois que les petits seront grands et auront quitté le nid, que deviendront ces mamans? Leurs enfants vont-ils reproduire le mépris de leur père envers elles ou seront-ils conscients de ce qu'elles ont enduré? L'étrangère retournera-t-elle dans son pays d'origine après 10, 15 ou 30 ans? Si elle le fait, pourra-t-elle garder un lien avec ses enfants et ses petits-enfants? Retrouvera-t-elle l'affection de sa famille et de ses amis, une autonomie financière et la paix de l'esprit?

Finalement, combien de femmes vivent en Europe ou en Amérique tout en continuant à se conformer aux coutumes machistes de leur pays d'origine par peur, habitude ou ignorance de leurs droits?

Nous avons toutes nos façons de vivre notre souffrance. Certaines vont hurler et gesticuler, d'autres vont se rouler en boule et ne seront plus capables d'émettre le moindre son. Pour ma part, j'ai alterné d'un extrême à l'autre. Les rares moments où on ne pense pas à son propre drame sont brefs. Des jouets sur un balcon, un bavoir sur une corde à linge, une petite voix flutée qui appelle sa maman au loin, une cour d'école tapageuse et la douleur revient, cuisante, et étrangement quelque part, presque rassurante, car au moins personne ne peut nous enlever nos souvenirs.

Nos enfants sont ce que nous avons de plus précieux, de façon individuelle comme parent, et collectivement comme société, car ils sont l'avenir du monde. Notre avenir et notre monde. Je ne peux que déplorer comment plusieurs de nos petits ont été traités et le sont encore de nos jours. La religion, les coutumes, les lois, la politique, le pouvoir, les disputes et la

vengeance ne devraient jamais passer avant nos responsabilités envers nos enfants. À moins de mettre leur sécurité en
péril, ils ont besoin d'avoir accès à leurs deux parents. C'est
aux enfants, et seulement à eux, une fois qu'ils seront en
mesure de prendre leur décision, de maintenir ou de couper les
ponts.

Il n'existe pas de mots, dans aucune langue, pour décrire
les souffrances obsédantes de cette déchirure et de cette
absence, tant pour les enfants, même s'ils sont tellement petits
qu'on croit qu'ils ne garderont aucun souvenir, que pour les
parents. C'est déjà éprouvant d'accepter une situation sur
laquelle nous n'avons aucun contrôle, comme un accident, un
décès ou la maladie; au moins, servons-nous de notre pouvoir,
et du gros bon sens, pour changer les choses quand c'est possible.

Il y a aussi l'après, qu'il y ait eu ou non des retrouvailles,
qui demeure une quête douloureuse de l'identité personnelle.
Ces enfants, sauf exception, même devenus adultes, malgré
leur force de caractère, leur détermination, leur courage et leur
intelligence, portent en eux une forme de fatalisme et d'insécurité qu'ils doivent apprivoiser jour après jour.

Comment développer la confiance quand ceux qui doivent
nous enseigner l'honnêteté nous ont menti toute notre vie?
Comment s'investir sentimentalement quand on a peur du
départ soudain de ceux qu'on aime? Que faire de la recherche
stérile de cet obsédant temps perdu?

Il faut apprendre à vivre en s'abandonnant à la vie, sans
marchander ni négocier en vain; dompter le lâcher-prise pour
profiter à fond, sans retenue, des petits et grands bonheurs de
la vie, un à un... s'en abreuver à satiété tout en sachant que
cette soif cuisante reviendra systématiquement. Je le sais, car

je partage cette fragilité, cette insécurité dont je subis les attaques foudroyantes.

Cependant, il faut continuer à nourrir l'espoir, car, comme nous l'avons lu, on peut réagir, obtenir de l'aide et des appuis pour inverser le cours des choses. Mon fils et moi, nous nous sommes retrouvés et nous avons renoué des liens très forts que personne ne peut dénaturer. Nathalie a une maman armée d'un courage exceptionnel qui continue à remuer ciel et terre pour qu'elle et ses enfants puissent revenir au Québec. Amina pourra dire à son fils, quand il sera plus grand, qu'elle ne l'a jamais abandonné et n'a jamais cessé de l'aimer. Il la croira, car elle est digne de foi.

11.

AGISSONS SUR L'ÉVITABLE

On a parfois l'impression qu'il n'y a rien à faire. Que nos mises en garde ne sont pas entendues, ou qu'elles sont perçues comme alarmistes et que nous sommes impuissants face à un problème qui nous dépasse. Il ne faut surtout pas abandonner, il faut continuer à mettre en garde les personnes que l'on juge à risque. Nous devons servir nos mises en garde sans les accompagner de jugements.

LA PRUDENCE, MÈRE DE LA SÛRETÉ

À la suite de l'expérience de Virginie, la Ligue des droits de l'Homme a souhaité attirer l'attention des couples franco-tunisiens et autres couples mixtes sur les problèmes posés par le «droit» de certains pays. En effet, dans certaines législations, c'est au père que revient la prérogative de décider du lieu de résidence des enfants, même s'ils sont d'une autre nationalité.

Tous ceux qui ont travaillé sur cette cause peuvent être fiers d'avoir collaboré à son dénouement heureux. Il ne faut cependant pas oublier l'intervention des médias qui ont joué un rôle primordial en alertant l'opinion publique et en maintenant son intérêt jusqu'à l'accomplissement final. Les tribunaux appliquent les règles de droit, sans tenir compte du poids de l'opinion publique, mais c'est le poids de l'opinion publique qui fait changer les règles de droit.

Finalement, je me dois de mettre en garde les mères qui projettent de séjourner, avec leurs enfants, dans le pays d'origine du père, si ce pays n'a pas signé la Convention de La Haye.

Bien sûr, il est normal de vouloir présenter ses enfants à la famille paternelle. Est-ce que la venue des membres de la belle-famille pour les présentations ne serait pas une alternative plus sécuritaire, le temps que les enfants soient majeurs?

Je dirais même qu'il faut établir une procédure avec votre conjoint avant même de faire des enfants. Expliquez-lui que ce n'est pas une question de confiance mais de gérance de risque. Imaginez que le conjoint tombe malade ou décède durant le séjour, les enfants pourront-ils repartir avec leur mère?

Informez-vous auprès des instances officielles sur les risques encourus avant de partir. Si le risque est trop grand – surtout si votre couple bat de l'aile, que votre conjoint est insatisfait de son sort ou vous semble dépressif et que votre pays ne possède aucune entente avec le pays de votre destination – n'y allez pas! C'est, bien sûr, une décision pénible à gérer, mais moins pire que se retrouver en pleine tragédie.

Comme on n'est jamais trop prudent, voici ce qu'il faut rassembler et qui peut s'avérer utile lors d'un enlèvement: le numéro de passeport de l'autre parent et des enfants, les numéros de téléphone, adresses de sa famille et de ses amis, où que ce soit dans le monde, et des photos récentes de l'enfant et de son père. L'argent étant le nerf de la guerre, il convient aussi de garder toute information sur les revenus et les comptes bancaires du parent qui serait susceptible d'enlever son enfant.

Il y a une différence entre prendre des risques dont on assume les conséquences soi-même et les faire vivre à d'autres, surtout s'il s'agit d'enfants vulnérables. On dit qu'on juge une société à la façon dont elle traite les plus faibles de ses membres. Ce qui est valable pour les sociétés l'est aussi pour les individus.

C'est une réalité incontournable que des erreurs arrivent, nous en commettons tous; par dépendance, par vulnérabilité, par manque d'information ou de solutions de rechange, par excès de confiance, à cause d'un amour aveugle, ou pour toute autre raison… et nous en payons le prix!

Une fois qu'une personne se retrouve en difficulté, il est facile de dire qu'elle aurait dû faire ceci ou ne pas avoir fait cela. Plutôt que de juger et de trouver un coupable à tout prix, pourquoi ne pas utiliser notre énergie à voir ce qu'on peut faire? Une action, aussi minime soit-elle, peut faire toute la différence.

L'UTILISATION DE NOTRE POUVOIR

Pour la première fois dans l'histoire de l'humanité, l'émergence et l'omniprésence des médias, d'Internet et des réseaux sociaux et les moyens de communication fournissent des outils facilement accessibles à l'ensemble des populations pour que nous soyons politiquement conscients et actifs.

Quand vous avez connaissance d'une situation intolérable, soyez solidaires, servez-vous du pouvoir de masse, tout en étant pacifiques et respectueux. L'arrivée de plusieurs centaines de lettres d'encouragement adressées à Nathalie Morin en Arabie Saoudite n'est pas passée inaperçue, de même que les articles dans nos journaux et les leurs. Même riches et puissants, grâce aux pétrodollars, tous les pays sont sensibles à leur réputation à l'étranger, de même qu'aux revenus générés par le tourisme.

Il en a été de même pour Virginie Rousseau qui, sans l'opinion publique alimentée par les médias, serait peut-être encore en Tunisie avec ses fils.

Les situations des mères qui n'osent faire valoir leurs droits dans leur pays d'adoption, au nom de la tradition et par peur des représailles, gagneraient également à être exposées sur la place publique. La diffusion de leur histoire les protège davantage que l'anonymat.

Les réseaux sociaux ont joué un rôle primordial dans l'élection du président Barack Obama ainsi que dans l'éclosion du *Printemps arabe*. Pour la première fois dans l'histoire de l'humanité, des citoyens ordinaires, par la seule force de leur nombre, font tomber ou élire des dirigeants de pays. Ne minimisons pas notre pouvoir, mais faisons-le fructifier à bon escient!

On sent une montée de la quête du respect partout dans le monde… tout comme la recrudescence de l'intégrisme. Nous cacher derrière la neutralité est l'équivalent de nous enfoncer la tête dans le sable.

ÉPILOGUE

J'ai écrit ce livre parce que je crois fondamentalement que l'information est le pouvoir et que, inversement, le mutisme et l'ignorance sont les complices de l'impuissance. Les pays, tout comme les individus, sont sensibles aux regards des autres et aux portes que leurs actions peuvent fermer.

Ce n'est malheureusement pas le cas partout. On fait même le constat, après l'adoption de la Charte des droits de l'homme en 1948, celle de l'enfant en 1959, puis de la femme en 1967, d'une non-application ou même d'une nette régression de ces acquis sur tous les continents, même chez les signataires.

Si le respect universel n'est pas facile à instaurer dans les sociétés dites progressistes, imaginez dans des communautés où les rapports égalitaires entre les hommes et les femmes sont une notion inconcevable et même inimaginable. Dans certains pays, le mot droit ne se conjugue tout simplement pas au féminin.

Servons-nous de notre pouvoir, localement et dans le monde. Le boycottage des consommateurs a permis de sortir les enfants esclaves de certaines usines de tapis et de chaussures. L'achat de produits équitables réduit l'exploitation des ouvriers des pays en voie de développement. Si la pression des idées a fait tomber le mur de Berlin, nous pouvons tous faire quelque chose pour améliorer le sort de ceux qui souffrent, qu'importent leur religion, leur culture ou leur sexe.

L'Histoire nous donne des leçons aussi simples que cruelles, mais nous ne les retenons pas. Aujourd'hui, le terrorisme a remplacé la guerre et on voit partout augmenter le nombre de crimes dits d'honneur tout comme on apprend qu'on marie des enfants, qu'on pratique des mutilations sexuelles lourdes de conséquences, qu'on refuse aux petites filles le droit à l'éducation et que, dans beaucoup trop de pays, dignité ne rime pas avec humanité.

Quand je donne une conférence, que je sens que j'ai capté l'attention des participants et que tous les regards sont tournés vers moi, qu'ils soient jeunes ou moins jeunes, je tiens compte que, pour certains, la misère est une abstraction, que d'autres ont eu à y faire face et que, pour certains, c'est leur réalité actuelle.

Je me fixe comme objectifs de sensibiliser les personnes épargnées à ce que vivent ceux qui ont moins de chance; de les inciter à les soutenir ou, du moins, à ne pas contribuer à leur misère; d'encourager les survivants à continuer à se libérer, à progresser et à conditionner les victimes à prendre des moyens pour diminuer leurs souffrances.

Écrire les dernières pages de ce livre, c'est à la fois le laisser aller pour qu'il puisse naître et vivre sa vie tout en assumant le deuil d'une gestation. J'aurais voulu rassembler tous les types de coutumes qui heurtent ou qui font souffrir pour les dénoncer sans en omettre aucune. C'est évidemment impossible et j'ai dû l'accepter. J'espère cependant avoir ouvert les horizons de mes lecteurs sur ce qu'on ne voit bien qu'avec les yeux du cœur. C'est une personne à la fois que ce monde devient meilleur.

- F I N -

RÉFLEXIONS ET POÈMES

Apporter une conclusion à cet ouvrage de réflexion en plein débat n'est pas facile, surtout que je ne peux faire abstraction de ce que j'ai vécu et de ce dont j'ai été témoin en Europe où on tente difficilement d'établir des balises, ainsi qu'en Algérie où la liberté de fixer des balises n'est pas gagnée... Que faire de plus que mettre en pratique mes propres conseils? Prenez un peu de temps pour m'écouter et me lire afin de bien saisir ce que j'ai à partager. Informez-vous et voyez plus loin que la paix à court terme. Tant mieux si je m'inquiète pour rien, mais donnons-nous du pouvoir afin d'éviter le pire.

RÉFLEXIONS DE GRANDS PENSEURS INSPIRANTS

Martin Niemöller, qui est né en 1892 et décédé en 1984, a bien compris les dangers de l'inaction. Ce pasteur protestant allemand a vécu les grands bouleversements du 20e siècle. Dissident, il a été arrêté en 1937, envoyé au camp de concentration de Sachsenhausen puis à celui de Dachau en 1941 où il a été libéré à la fin de la guerre en 1945. Il n'a pas été le seul anti-nazi, mais l'un des rares à le clamer haut et fort. Le trop petit nombre de ceux qui affichaient ouvertement leur désapprobation a permis qu'on les réduise au silence facilement.

Ce héros méconnu en est arrivé à la conclusion que le silence des pantoufles est plus dangereux que le martèlement des bottes. Une de ses connaissances, membre de l'aristocratie allemande, propriétaire d'usines et d'immeubles, a déclaré lors de la montée du nazisme que, si une minorité appartenait au mouvement, une majorité se réjouissait du retour de la fierté allemande sans accorder plus d'attention à cette bande de cinglés. Un jour, ils ont réalisé qu'ils n'étaient plus libres. Ils ont tout perdu, furent internés dans des camps de concentration et les alliés ont bombardé le peu qui leur restait.

Il en a résulté le conflit le plus meurtrier de l'Histoire avec plus de 60 millions de morts, soit 3% de la population mondiale. De ce nombre 20 millions étaient Russes et six millions Juifs. En planifiant sa «solution finale» Hitler aurait déclaré en 1939: «Qui se souvient encore de l'extermination des Arméniens?», premier génocide moderne qui a fait un million et demi de morts. Sans opposition, il a pu massacrer les handicapés, les homosexuels, les Tziganes et les Juifs de son pays, puis ceux des pays occupés.

Les Russes d'avant la révolution voulaient améliorer leurs conditions de vie dans la paix. La très grande majorité n'étaient pas communistes et ne souhaitaient pas le massacre de la famille du Tsar, pas plus que la mort de cent millions des leurs sacrifiés à la révolution. Les autorités ont également favorisé une famine en Ukraine, qui avait des visées nationalistes, qui a fait mourir de faim cinq millions d'individus en 1932-33.

Les Chinois étaient eux aussi pacifiques, malgré la révolution qui a coûté la vie d'au moins 70 millions des leurs! Les Japonais d'avant la guerre n'étaient pas particulièrement belliqueux. Pourtant, ils ont jalonné leur route à travers l'Asie du Sud-Est de carnages effroyables incluant 12 millions de leurs civils tués à coups d'épée, de baïonnette ou de pelle!

On peut ajouter à ce palmarès les horreurs des génocides contemporains: Darfour, Bosnie, Rwanda, Irak et Cambodge pour ne nommer que les plus connus. Ces peuples aspiraient pourtant à la Paix et l'Amour comme tous les humains!

Les pacifiques de toutes allégeances doivent rompre le silence et dénoncer les fanatiques qui se servent de la religion pour instaurer un régime de terreur: en finançant les conflits armés partout dans le monde et en tuant sans vergogne; en perpétrant des crimes dits d'honneur; en lapidant, mutilant et exterminant les victimes de viol, les homosexuels et les petites filles qui veulent aller à l'école.

Les religions ont fait trop de bien pour qu'on en dise du mal, mais aussi trop de mal pour qu'on en dise du bien. Revenons à leurs valeurs premières qui prônent le respect et l'amour.

Je termine par un poème de Martin Niemöller, une citation d'Albert Einstein et de touchants poèmes que m'a offerts Maram Al Masri, une poétesse syrienne qui vit en France, avec la permission de les publier.

«Quand ils sont venus chercher les communistes,
je n'ai pas protesté parce que je ne suis pas communiste.

Quand ils sont venus chercher les Juifs,
je n'ai pas protesté parce que je ne suis pas Juif.

Quand ils sont venus chercher les syndicalistes,
je n'ai pas protesté parce que je ne suis pas syndicaliste.

Quand ils sont venus chercher les catholiques,
je n'ai pas protesté parce que je ne suis pas catholique.

Et lorsqu'ils sont venus me chercher,
il n'y avait plus personne pour protester.»

– Attribué à Martin Niemöller

« Le monde est dangereux à vivre
non pas tant à cause de ceux qui font le mal,
mais à cause de ceux qui regardent
et laissent faire. »

– Albert Einstein

———————————

Poèmes d'une femme
pour les femmes

Fafia

Elle ne savait pas quand elle a dit « oui »
Que, vingt ans après, elle dirait « non ».

Seule, elle va combattre les fauves de la vie
Elle, la fatiguée
Elle, qui s'arrête aux carrefours de l'âge
Elle, qui se tient debout
Avec ses rides, ses dernières règles
Devant l'espoir,
Qui est son jeune amant.

Fatiguée, elle vacille sur le rebord
Mais elle ferme les yeux
Et elle saute.

———————————

ELLES

Je les ai vues, toutes ces femmes
Avec leurs visages couverts de bleus.

Elles, avec les meurtrissures cachées
Entre leurs cuisses.
Elles, avec leurs rêves écrasés,
Leurs mots déchirés.
Elles, avec leurs sourires fatigués,
Leurs mains tremblantes.

Je les ai vues passer dans la rue
Comme des âmes aux pieds nus
Regardant derrière elles,
Inquiètes d'être suivies
Par les pieds de la tempête,
Effarouchées, comme des voleuses de lune
Elles traversent, déguisées en femmes normales.

En elles, rien ne provoque l'attention.
Personne ne peut les reconnaître
À part celles qui leur ressemblent.

*

«Et si nous rassemblions
ces milliers de lueurs de détresse
pour en faire un immense feu de joie?»

– Maram Al Masri

———————————————

Notes

1. http://fr.canoe.ca/infos/societe/archives/2013/05/20130521-181142.html
1a. http://www.lefigaro.fr/actualite-france/2011/02/07/01016-20110207ARTFIG00664-la-population-musulmane-en-forte-progression.php
1b. http://blogues.lapresse.ca/edito/2011/01/30/le-%C2%ABperil%C2%BB-musulman/
1c. http://www.noemiegrynberg.com/pages/politique/islamisation-l-europe-fait-de-la-resistance.html
2. http://mobile.agoravox.fr/actualites/societe/article/moi-charlotte-14-ans-esclave-en-130728
3. La Mauritanie est le dernier pays à abolir l'esclavage en 1980. Cependant, il resterait au moins 100 000 esclaves dans ce pays en 2002 http://fr.wikipedia.org/wiki/Esclavage_dans_le_monde_arabo-musulman
4. http://fr.wikipedia.org/wiki/Homophobie
5. Les grands reportages de Radio-Canada, 16 avril 2013
6. http://montrealracing.com/forums/showthread.php?569907-De-moins-en-moins-de-Juifs-au-Qu%E9bec
7. http://www.radio-canada.ca/actualite/v2/enjeux/niveau2_13797.shtml
8. http://www.fdesouche.com/310303-printemps-arabe-les-viols-et-agressions-de-femmes-se-multiplient-place-tahrir-au-caire
9. http://www.blog.sami-aldeeb.com/2012/06/26/niqab-et-voile-augmentent-le-risque-pour-les-femmes-davoir-une-carence-en-vitamine-d/ Publiée dans le quotidien jordanien, The Jordan Times
10. http://sisyphe.org/spip.php?article3572
11. http://www.newsring.fr/actualite/1005227-londres-des-voleurs-en-burqas-devalisent-selfridges-en-video
12. http://www.postedeveille.ca/2011/06/grande-bretagne-des-terroristes-en-burqa-demasquees-par-les-espions.html
13. http://www.youtube.com/watch?v=D-DZUnh8-Ro

14. http://www.radio-canada.ca/nouvelles/societe/2010/03/03/001-niqab-entrevue-naima.shtml

15. http://www.leparisien.fr/societe/mariage-annule-aux-emirats-sous-son-voile-la-mariee-etait-barbue-10-02-2010-810966.php

16. http://www.rtl.be/info/monde/international/194436/afghanistan-15-jeunes-filles-aspergees-d-acide-sur-le-chemin-de-l-ecole

17 http://fr.wikipedia.org/wiki/Malala_Yousafzai

18. http://www.as4b.info/bivouac-id/bivouac-id/billets/afghanistan-des-ecolieres-attaquees-au-gaz-par-les-talibans/index.html

19. http://fr.wikipedia.org/wiki/Malala_Yousafzai

20. http://www.rtl.be/info/monde/international/194436/afghanistan-15-jeunes-filles-aspergees-d-acide-sur-le-chemin-de-l-ecole

21. http://www.lemonde.fr/asie-pacifique/article/2012/04/17/des-fillettes-afghanes-empoisonnees-pour-les-eloigner-de-l-ecole_1686818_3216.html

22. http://www.bfmtv.com/international/jeune-pakistanaise-malala-fete-anniversaire-a-tribune-lonu-558248.html

23. http://www.ledevoir.com/international/actualites-internationales/380989/des-attaques-meurtrieres-contre-des-etudiantes-au-pakistan-font-au-moins-25-morts

24. http://www.csf.gouv.qc.ca/modules/AMS/article.php?storyid=3704

25. http://www.google.com/hostednews/afp/article/ALeqM5gHyLpdUcMfdvc6ZTlRmM6nrqQhsw?docId=CNG.03a92e80bd6b81405390865310c12c11.241

26. http://www.kristeva.fr/prix-beauvoir-2013-malala-yousafzai.html

27. http://pointdebasculecanada.ca/archives/89.html

28. http://www.amnestyinternational.be/jeunes/spip.php?article1062

29. http://portail-eip.org/SNC/eipafrique/senegal/mariage.html

30. http://www.dreuz.info/2013/05/mariee-a-huit-ans-la-petite-musul-mane-ne-survivra-pas-a-sa-nuit-de-noce-sur-son-lit-rouge-de-son-sang/

31. http://www.hoaxbuster.com/hoaxliste/fillette-afghane-violee-mort

32. Hadith 114 dans le Sahîh de Muslim: paroles de Aïcha : «J'avais six ans lorsque le Prophète m'épousa, neuf ans lorsqu'il eut effectivement des relations conjugales avec moi.» Puis elle relatait : «… Ma mère, Umm Rûmân, vint me trouver tandis que j'étais sur une balançoire, elles se mirent à me parer. J'avais à peine fini que l'Envoyé d'Allah entra, lorsqu'il était encore le matin. Alors on me remit entre ses mains.»

33. http://www.france24.com/fr/20130520-afghanistan-femmes-droits-luttent-contre-retour-baton-taliban-projet-loi-mariage-charia

34. http://www.kristeva.fr/prix-beauvoir-2013-malala-yousafzai.html

35. http://www.kristeva.fr/prix-beauvoir-2013-malala-yousafzai.html

36. http://www.ares92.org/v1/news/news-0-19.php

37. http://www.radio-canada.ca/actualite/v2/enjeux/niveau2_14078.shtml

38. http://fr.wikipedia.org/wiki/Amina_El_Filali
39. Chaîne de télévision française d'information nationale en continu, filiale du groupe TF1
40. http://fr.wikipedia.org/wiki/Nojoud_Ali
41. http://www.wluml.org/fr/node/4582
42. http://www.lefigaro.fr/flash-actu/2010/02/02/01011-20100202 FILWWW00374-a-12-ans-elle-reste-avec-un-octogenaire.php
43. http://www.dailymotion.com/video/xds5pm_une-enfant-de-12-ans-en-larme-deman_news
44. http://www.elle.fr/Societe/News/Arabie-Saoudite-a-8-ans-elle-demande-le-divorce-704134
45. http://www.lapresse.ca/international/ailleurs-sur-le-web/201307/23/01-4673346-mariage-force-cri-du-cœur-dune-yemenite-de-11-ans.php
46. http://laconnectrice.wordpress.com/2012/03/18/maroc-manifestations-apres-le-suicide-damina-forcee-au-mariage-avec-son-violeur/
47. http://www.journaldemontreal.com/2013/07/20/16-mois-de-prison-pour-setre-fait-violer
48. http://www.parismatch.com/Actu/International/Le-cauchemar-d-une-Norvegienne-violee-a-Dubai-522373
49. http://www.genevadeclaration.org/fileadmin/docs/GBAV2/GBAV2011-Ch4-Summary-FRE.pdf
50. http://www.google.ca/url?sa=t&rct=j&q=&esrc=s&frm=1&source=web&cd=13&ved=0CDgQFjACOAo&url=http%3A%2F%2Fwww.theses.ulaval.ca %2F2009%2F26816%2F26816.pdf&ei=D0ktUpig GPSw4AOfgoGQBw&usg=AFQjCNFKzbrRlg8kf8pmhHSC-MmVd2hj1Q
51. http://sisyphe.org/spip.php?article2767
52. http://fr.wikipedia.org/wiki/Meurtres_de_femmes_de_Ciudad_Ju %C3%A1rez
53. Prénom fictif pour raison de sécurité, car ces intervenantes et leurs familles sont menacées
54. http://www.journee-mondiale.com/175/journee-internationale-contre-les-mutilations-genitales.htm
55. Les grands reportages de Radio-Canada, 16 avril 2013
56. http://m.ledevoir.com/non-classe/101381/le-6-fevrier-journee-mondiale-des-nations-unies-contre-les-mutilations-genitales-feminine-une-forme-extreme-de-violences-faites-aux-femmes
57. Docteure en sociologie, chercheure associée à l'Institut d'études des femmes de l'Université d'Ottawa et membre associée à l'Institut Santé et société de l'Université du Québec à Montréal (UQAM). Elle est la présidente fondatrice du Réseau «Femmes africaines, Horizon 2015», membre fondatrice du Comité interafricain de lutte contre les pratiques traditionnelles affectant la santé de la femme et de l'enfant (CI-AF) et la première secrétaire générale du Comité (natio-

nal) sénégalais du CI-AF (1984-1989) de cet organisme. À ce titre, elle a participé à la première Conférence des Nations Unies sur les femmes à Nairobi en 1985. Elle a reçu plusieurs distinctions, dont le Prix «Femmes de mérite», décerné en 2000, par la Fondation du YWCA de Montréal, dans la catégorie «Services publics et communautaires». En 2001, elle a été lauréate du Mois de l'Histoire des Noirs, a reçu le Flambeau d'excellence octroyé par le Groupe de reconnaissance communautaire et, le 15 novembre 2005, a reçu le Prix de la Gouverneure générale du Canada en commémoration de l'affaire «personne».

58. http://sisyphe.org/imprimer.php3?id_article=2150
59. Régie régionale de Montréal-Centre 1994.
60. http://www.ohrc.on.ca/fr/politique-sur-la-mutilation-genitale-feminine/4-la-mgf-au-canada
61. http://publications.msss.gouv.qc.ca/acrobat/f/documentation/2005/05-403-02.pdf
62. article 268 modifié du Code criminel
63. article 273.3 du Code criminel
64. http://pointdebasculecanada.ca/actualites/1000542.html
65. La communauté urbaine de Toronto compte 70 000 immigrants et réfugiés originaires de la Somalie et 10 000 originaires du Nigéria, deux pays dans lesquels les mutilations génitales féminines (MGF) sont une pratique courante
66. http://www.ohrc.on.ca/fr/politique-sur-la-mutilation-genitale-feminine/4-la-mgf-au-canada
http://sisyphe.org/imprimer.php3?id_article=2150
67. http://www.gazettedesfemmes.ca/4590/mutilations-sexuelles-au-canada-les-yeux-grand-fermes/
68. http://cdeacf.ca/evenement/2004/04/23/forum-sante-mutilations-genitales-feminines
69. Slate Afrique novembre 2012
70. http://www.doctissimo.fr/html/sexualite/dossiers/violence-sexuelle/8643-excision-clitoris-soin-itw.htm
71. http://fr.wikipedia.org/wiki/Crime_d'honneur
72. http://tpejvd.overblog.com/2)-l''%C3%A9volution-des-crimes-dit-crimes-d'honneur-en-france
73. http://fr.wikipedia.org/wiki/Vendetta_(justice_priv%C3%A9e)
74. http://www.pointdebasculecanada.ca/articles/1394.html
75. http://www.pointdebasculecanada.ca/articles/1394.html
76. http://pointdebasculecanada.ca/actualites/1000187.html
77. http://www.pointdebasculecanada.ca/articles/1394.html
78. Données tirées de l'étude intitulée: «Les crimes d'honneur ou le déshonneur du crime: étude des cas canadiens», réalisée par la professeure Marie-Pierre Robert, de l'Université de Sherbrooke
79. http://www.radio-canada.ca/sujet/affaire-shafia/

80. http://romeodallaire.sencanada.ca/fr/enfants-soldats
81. http://www.international.gc.ca/rights-droits/child_soldiers-enfants_soldats.aspx?lang=fra
82. Chanson du Québécois Raymond Lévesque inspirée de la guerre d'Algérie
83. http://www.mariage-et-religion.com/mobile/enfants.html
84. http://www.mariage-et-religion.com/mobile/enfants.html
85. http://www.marievictoirelouis.net/document.php?id=403&themeid=
86. http://www.lecourrierdelatlas.com/Societe/Divorce-les-rapts-parentaux-en-hausse.html
87. Le Courrier de l'Atlas, juin 2009
88. http://www.lefigaro.fr/international/2010/11/24/01003-20101124ARTFIG00723-japon-le-drame-des-enfants-confisques.php
89. http://www.richardyung.fr/securite-protection-sociale-retraite-francais-etranger/2157-un-pere-americain-arrete-au-japon-pour-avoir-essaye-de-reprendre-ses-enfants-enleves-par-leur-mere.html
90. http://www.lapresse.ca/actualites/national/201105/18/01-4400484-enlevement-et-tsunami.php
91. http://www.lapresse.ca/actualites/national/201105/17/01-4400435-des-dizaines-de-petits-canadiens-caches-au-japon.php
92. http://www.lapresse.ca/actualites/national/201105/18/01-4400481-les-peres-sacrifies.php
93. http://fr.wikipedia.org/wiki/Paul_Bensussan
94. Le Courrier de l'Atlas, juin 2009
95. http://www.lecourrierdelatlas.com/Societe/Divorce-les-rapts-parentaux-en-hausse.html
96. http://nathaliemorin.wordpress.com/
97. http://www.ledevoir.com/international/actualites-internationales/381016/deux-saoudiennes-emprisonnees-pour-avoir-aide-nathalie-morin
98. http://www.radio-canada.ca/nouvelles/National/2012/01/03/001-morin-nathalie-visa-arabie-saoudite.shtml
99. http://www.lapresse.ca/international/moyen-orient/201307/11/01-4669844-la-condamnation-de-deux-saoudiennes-ebranle-la-mere-de-nathalie-morin.php
100. http://www.lapresse.ca/international/moyen-orient/201306/16/01-4661823-saoudiennes-condamnees-pour-avoir-aide-la-quebecoise-nathalie-morin.php
101. http://www.lapresse.ca/actualites/national/201307/09/01-4668991-arabie-saoudite-nathalie-morin-repoussee-hors-de-lambassade-canadienne.php
102. Racontée en détail dans le livre *L'incroyable histoire de Blandine Soulmana*, publié chez Béliveau Éditeur

AUTRES OUVRAGES DE L'AUTEURE
CHEZ BÉLIVEAU ÉDITEUR

L'INCROYABLE HISTOIRE DE BLANDINE SOULMANA

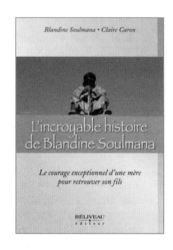

Cette femme, née d'un père touareg et d'une mère française, a été privée de tout : l'amour de sa propre mère, le respect de son mari arabe et son lien avec son enfant, qui lui a été arraché par sa belle-famille.
Au-delà de ses malheurs, elle a su reconstruire entièrement sa vie pour goûter enfin au bonheur.
Ce récit est une véritable transfusion de courage et de résilience.

Blandine Soulmana et Claire Caron
978-2-89092-484-0

SURVIVRE À LA VIOLENCE POUR ENFIN VIVRE

Blandine a recueilli divers témoignages de l'après-violence afin de démontrer que, au terme des nuits les plus noires et des jours les plus gris, le soleil finit toujours par se lever.

Blandine Soulmana,
et Monique T. Giroux
978-2-89092-504-5

Ce que la vie m'a appris

Après un vécu invraisemblable,
Blandine Soulmana a su se reconstruire
et partir à la conquête d'elle-même et du monde.

Ce livre est un condensé de ce que la Vie lui a appris « à la dure ». C'est dans le but d'en faire profiter aux autres, pour leur éviter des souffrances inutiles et accélérer leur processus vers le mieux-être, que Blandine Soulmana a écrit cet ouvrage.

Rédigé dans un langage accessible avec des exemples tirés du quotidien de monsieur et madame Tout-le-Monde, ce livre doit être gardé à la portée de la main pour lire et relire dans les moments de cafard, quand rien ne va plus...

Blandine Soulmana
en collaboration avec Monique T. Giroux
978-2-89092-536-6

Achevé d'imprimer
sur les presses de
Imprimerie H.L.N.
Imprimé au Canada - Printed in Canada